अधिगम निर्योग्यों की शिक्षा

Education of the Learning Disabled

अधिगम निर्योग्यों की शिक्षा

EDUCATION OF THE LEARNING DISABLED

डॉ. हंसराज पाल
उपाचार्य
शिक्षा संस्थान, देवी अहिल्या वि. वि., इंदौर

डॉ आशा पाल
सहायक प्राध्यापक (प्राणीशास्त्र)
आदर्श होल्कर विज्ञान महाविद्यालय, इंदौर

SHIPRA

(First Published in India in 2008)

ISBN: 978-81-7541-389-4

2021 Impression

अधिगम नियोंग्यों की शिक्षा
Education of the Learning Disabled

Published by:
SHIPRA PUBLICATIONS
LG 18-19, Pankaj Central Market,
I.P. Ext., Patparganj, Delhi 110092, India
Ph.: +91 11 22235152/6152
Email: info@shiprapublication.com
Website: www.shiprapublication.com

प्राक्कथन

अध्यापक कक्षा में अनेक प्रकार के विद्यार्थियों के सम्पर्क में आते हैं। इनमें से ज्यादातर बालक सामान्य होते हैं, तथा कुछ विशिष्ट। विशिष्ट बालकों में प्रतिभाशाली, मंद बुध्दि, पिछडे., अधिगम निर्योग्य, सृजनात्मक तथा शारीरिक रूप से विकलांग बालक आते हैं। ऐसे बालकों के लिए विशेष शिक्षा की आवश्यकता होती है। अतः इन्हें शिक्षा प्रदान करने के लिए अध्यापक को इनकी संकल्पना एवं विशेषताओं को जानना अति आवश्यक है। इसलिए देश के सभी विश्वविद्यालयों में बी.एड., एम.एड. एवं एम.ए. मनोविज्ञान की पाठ्यचर्या में विशिष्ट बालकों को शामिल किया गया है। विश्वविद्यालय अनुदान आयोग की लेक्चरर पात्रता परीक्षा के पाठ्यक्रम में विशिष्ट शिक्षा को अनिवार्य विषय शिक्षा मनोविज्ञान के साथ–साथ ऐच्छिक विषय के रूप में भी स्थान प्रदान किया गया है। 'विशिष्ट बालकों पर मनोविज्ञान एवं शिक्षा' पर अंग्रेजी भाषा में पुस्तकें उपलब्ध हैं, किंतु हिन्दी में इनका नितान्त अभाव है। 'विशिष्ट बालकों' में अधिगम निर्योग्य बालक भी आते हैं, जिन पर यदि विशेष ध्यान दिया जाए, और उन्हें पर्याप्त अवसर दिए जाएं तब वे देश के विकास में महत्त्वपूर्ण योगदान दे सकते हैं। अतः एक अध्यापक के लिए अधिगम निर्योग्य बालकों की संकल्पना, विशेषताएँ, एवं उनकी शिक्षा से परिचित होना आवश्यक है। अतः पुस्तक में अधिगम निर्योग्य बालकों की संकल्पना, विशेषताएं, पहचान, उनकी शिक्षा इत्यादि को शामिल किया गया है।

पुस्तक के प्रथम प्रारूप का परीक्षण विद्यार्थियों के लघु समूह पर कर उनके सुझावों एवं कठिनाइयों के आधार पर प्रकाशन से पूर्व पुस्तक में आवश्यक संशोधन किए गए हैं। पुस्तक को अधिक बोधगम्य बनाने के लिए पुस्तक के अन्त में शब्द सूची दी गयी है। साथ ही विस्तृत सन्दर्भ सूची भी दी गयी है जिसका उपयोग जिज्ञासु विद्यार्थी, शोध छात्र एवं अध्यापक कर सकेंगे। पुस्तक का यह प्रथम संस्करण है, इसमें त्रुटियाँ हो सकती हैं, विद्यार्थियों से अनुरोध है कि वे अपनी कठिनाइयों से हमें अवगत कराएँ साथ ही साथ अध्यापकों से भी अनुरोध

है कि वे पुस्तक की न्यूनताएँ हमें बताएँ, ताकि अगले संस्करण में उन्हें सुधारा जा सके। लेखक इसके लिए उनके ऋणी रहेंगे।

पुस्तक लिखने में सन्दर्भ सूची में दर्शायी पुस्तकों, शोध पत्रिकाओं, विश्वकोषों एवं अन्य सामग्रियों का प्रत्यक्ष अथवा परोक्ष रूप से उपयोग किया गया है। साथ ही साथ चित्रों का उपयोग भी किया गया है, हम उक्त सभी के लेखकों के प्रति हृदय से आभारी हैं। पुस्तक लेखन में प्रो. डी.एन. सनसनवाल, निर्देशक, शिक्षा संस्थान ने प्रोत्साहन देकर हमारा उत्साह बढ़ाया, हम उनके आभारी हैं। डॉ. राजेन्द्र पाल रीडर (सी.आई.ई.टी., नई दिल्ली) ने चित्र निर्माण एवं साहित्य संकलन में सहयोग दिया। मंजुलता शर्मा, लेक्चरर श्री वैष्णव टीचर्स ट्रेनिंग कालेज, इन्दौर ने भाषागत त्रुटियों के निवारण में सहयोग दिया इसके लिए इन सभी को साधुवाद। संस्थागत पुस्तकालय की ग्रंथपाल श्रीमती स्वाति मजुमदार ने सहर्ष पुस्तकें प्रदान कीं इसके लिए हम उनके आभारी हैं। प्रस्तुत पुस्तक पूज्य पिताजी स्वर्गीय चन्दूलाल जी पाल को समर्पित है।

हंसराज पाल

आशा पाल

विषय-सूची

1

अधिगम निर्योग्यताः परिभाषाएँ एवं विशेषताएँ (Learning Disability: Definitions and Characteristics)

अधिगम निर्योग्यता शब्द का उदय ऐसे विद्यार्थी जो लगातार विद्यालय में असफल हो रहे हों, की पहचान एवं सेवा की आवश्यकता से हुआ । इसमें अनेक अनुशासनों जैसे चिकित्सा, भाषा, मनोविज्ञान एवं शिक्षा ने अपना योगदान दिया क्रकशंक (1972) ने बताया कि अँग्रेजी के 48 शब्दों से अधिक शब्दों का उपयोग एक ही बालक की विशेषताओं के लिए किया गया। हम्मिल (1990) ने ग्यारह परिभाषाओं की पहचान की जो कि अधिगम निर्योग्यता के संक्षिप्त इतिहास के समय प्रसिद्ध थीं।

मस्तिष्क क्षतिकाल (Brain Injured Phase)

अधिगम निर्योग्यताओं के अध्ययन का प्रारंभ स्ट्रास एवं उसके साथियों ने किया। 1930 के दशक के अंतिम वर्षों में एवं 1940 के प्रारम्भिक वर्षों में स्ट्रास एवं वर्नर ने संयुक्त रूप से मस्तिष्क क्षति व मंद बुद्धि बालकों का अध्ययन किया।

मस्तिष्क क्षतिवाला बालक वह होता है, जिसे जन्म से पहले, जन्म के दौरान एवं जन्म के बाद चोट लगी हो, अथवा मस्तिष्क के संक्रमण (Infection) से ग्रस्त हुआ हो। स्ट्रास एवं लेथिनेन (1977) ने बताया कि मस्तिष्कीय चोट बाह्य (Exogeneous) कारकों के परिणामस्वरूप होती है। ये बाह्य कारक हैं जन्म के समय ऑक्सीजन की कमी, शैशवावस्था के दौरान अत्यंत उच्च बुखार अथवा सिर में चोट। हालांकि निर्योग्यता आंतरिक एवं बाह्य कारकों दोनों से ही हो सकती है, उन्होंने अग्र सात निकष बाह्य कारकों के कारण मंदबुद्धि बालकों के वर्गीकरण के लिए स्थापित किए :

1. प्रत्यक्षणात्मक विकार (Perceptual Disorder)

बालक चित्र को देखने में कठिनाईं अनुभव कर सकता है। उसे आकृति पृष्ठभूमि की समस्या भी हो सकती है।

2. दृढ़ीकरण (Perseveration)

इससे तात्पर्य है कि एक गतिविधि को प्रारंभ होने के पश्चात् जारी रखना तथा उससे अलग गतिविधि पर जाने पर कठिनाई अनुभव करना। उदाहरणार्थ जब बालक किसी क्षेत्र पर रंग करना प्रारंभ करता है, तब वह उसी क्षेत्र को बार–बार रंग करता रहता है तथा अगले कार्य पर जाने पर कठिनाई महसूस करता है।

3. संकल्पना अथवा चिंतन विकार (Concept or Thinking Disorder)

इन विकारों का तात्पर्य सूचनाओं अथवा विचारों के संगठन से संबंधित होता है।

4. व्यावहारिक विकार (Behavioural Disorder)

व्यावहारिक विकारों से ग्रस्त बालक गैर–अवरोधक (Uninhibited) व्यावहार प्रदर्शित कर सकता है, जो अतिक्रियाशीलता, अनियत (Erratic) अथवा विस्फोटक (Explosive) व्यवहार प्रकारों से व्यक्त होता है। शेष तीन निकष जैविकीय (Biological) निकष के रूप में वर्गीकृत किए जा सकते हैं।

5. अल्पतंत्रिकातंत्रीय चिह्न (Slight Neurological Signs)

ऐसी अनेक सूक्ष्म (Subtle) तंत्रिकातंत्रीय अपसामान्यताएँ (Abnormalities) सामान्य फूहड़पन (Clumsiness) भददीचाल (Tait) अथवा परिष्कृत गामक कार्यों के बारें में भ्रम का रूप ले सकती हैं।

6. तंत्रिकातंत्रीय क्षीणता का इतिहास (A History of Neurological Impairment)

इसमें चिकित्सीय रेकार्ड के साक्ष्यों को शामिल किया जाता है, जो कि तंत्रिका पद्धति में हानि का सुझाव देते हैं।

7. मानसिक मंदन का इतिहास नहीं (No History of Mental Retardation)

यह निकष आनुवांशिक कारकों के कारण मस्तिष्कीय अपसामान्यता को शामिल नहीं करता है।

स्टीवेन्स एवं बिर्च (1957) ने अनुशंसित किया कि 'मस्तिष्क हानि' शब्द को स्ट्रास **लक्षण** (Syndrome) से बदला जा सकता है। स्ट्रास लक्षण अब उनका

वर्णन करती है, जो निम्न में से ज्यादातर अथवा सभी विशेषताओं को प्रदर्शित करते हैं:

1. जरा सा उकसाने पर भद्दा एवं अनुपयुक्त व्यवहार।
2. उद्दीपक के गैर अनुपात में बढ़ी हुई गामक गतिविधि।
3. व्यवहार का कमजोर संगठन।
4. सामान्य स्थितियों में सामान्य अंश से अधिक विचलनशील।
5. सतत गलत प्रत्यक्षण।
6. सतत कमज़ोर गामक निष्पादन।

न्यूनतम मस्तिष्क दुष्क्रिया काल (Minimum Brain Dysfunction Phase)

1960 के दौरान शब्दावली में न्यूनतम मस्तिष्क दुष्क्रिया के आगमन से परिवर्तन हुआ। यह शब्द गौण मस्तिष्क क्षति की संकल्पना में आया और इसे अधिगम समस्याओं से जोड़ा गया। मस्तिष्क क्षति न्यूनतम से गंभीर हो सकती है।

अधिगम निर्योग्यों की विशेषताएँ

क्लीमेण्ट (1966) ने जो कि एक शोध परियोजना के कार्य निदेशक थे, ने अधिगम निर्योग्यों की 10 विशेषताएँ बताई :

1. अतिक्रियाशीलता (Hyperactivity)

गामक व्यवहार जो कि लक्ष्योन्मुख प्रतीत नहीं होते हैं तथा प्रायः विघटनकारी (Disruptive) होते हैं।

2. प्रत्यक्षणात्मक गामक न्यूनता (Perceptual Motor Impairments)

श्रवणीय एवं दृश्यिक आगत के समन्वय से संबंधित समस्याएँ जैसे शब्दों एवं अंकों की नकल करना।

3. संवेगात्मक अस्थिरता (Emotional Liability)

मूड में व्यापक परिवर्तन जो कि प्रत्यक्ष रूप से स्थिति से संबंधित न हों।

4. सामान्य समन्वय का अभाव

विभिन्न प्रकार के गामक संचलनों में कठिनाई।

5. अवधान का विकार (Disorder of Attention)

सार्थक उद्दीपकों अथवा कार्य के प्रति अवधान बनाए रखने में कठिनाई।

6. आवेगिता ***(Impulsiveness)***

बिना परिणामों को जाने व्यवहार करना।

7. स्मृति एवं चिंतन के विकार ***(Disorder of Memory and Thinking)***

जिन सूचनाओं में पारंगतता करनी थी। उनके प्रत्यास्मरण में कठिनाई और अमूर्त संकल्पनाओं के बोध में समस्या।

8. विशिष्ट अधिगम निर्योग्यताएँ ***(Specific Learning Disabilities)***

शैक्षणिक कौशलों जैसे पठन, लेखन, अंकगणित और/अथवा शब्दार्थ में कठिनाई।

9. श्रवण एवं बोलने के विकार ***(Disorders of Speech & Hearing)***

बोलभाषा के समझने एवं स्मरण करने में कठिनाई, अपने आप को शाब्दिक रूप से सही शब्द भण्डार एवं वाक्य रचना के द्वारा अभिव्यक्त करने में कठिनाई।

10. अनेकार्थक तंत्रिकीय चिह्न ***(Equivocal Neurological Signs)***

अनियमित इलेक्ट्रोइन्सेफेलोग्राफ (EEG) तरीके एवं मृदु (Soft) तंत्रिकीय चिह्न अर्थात् गामक समस्याएँ, प्रत्यक्षणात्मक समस्याएँ और असमान अथवा विलंबित भाषा एवं गामक क्षेत्रों में विकास।

अधिगम निर्योग्यताएँ काल (Learning Disabilities Phase)

अधिगम निर्योग्यताएँ शब्दावली लघु पैमाने पर न्यूनतम मस्तिष्क दुष्क्रिया के पूर्व एवं समवर्ती रूप में प्रयुक्त होने लगी थी। किर्क (1962) ने अधिगम निर्योग्यता शब्द को क्लीमेण्ट्स (1966) से चार वर्ष पूर्व दिया। बेटमैन (1965) ने अधिगम विकार को परिभाषित किया। उसने असंगति (discrepancy) शर्त (clavese) को शामिल किया। इसका तात्पर्य है अनुगानित क्षमता एवं उपलब्धि में अंतर। अधिगम विकार बालक वे होते हैं, जो शैक्षिक रूप से बौद्धिक सामर्थ्य एवं वास्तविक निष्पादन स्तर में सार्थक असंगति प्रदर्शित करते हैं।

अधिगम निर्योग्यता की परिभाषाएँ (Definitions of Learning Disabilities)

यहाँ अधिगम निर्योग्यता की मुख्य परिभाषाएँ दी गई हैं :

फेडरल परिभाषा :

विशिष्ट अधिगम निर्योग्यता का अर्थ है, एक या एक से अधिक मनोवैज्ञानिक प्रक्रियाओं जो कि समझ अथवा भाषा उपयोग बोलने अथवा लिखने में लगती हैं,

में विकृति। ये विकृतियाँ या कमियाँ सुनने, चिंतन करने, बोलने, पढ़ने, लिखने वर्तनी अथवा गणितीय संगणनाएँ करने में अमूर्त योग्यता प्रदर्शित करती हैं। इस शब्द में ऐसी स्थितियाँ, जैसे प्रत्यक्षणात्मक अक्षमता, मस्तिष्कीय दुष्क्रिया, पठन निर्योग्यता और विकासात्मकता इत्यादि शामिल हैं।

अधिगम निर्योग्यताओं के लिए राष्ट्रीय संयुक्त समिति की परिभाषा

अधिगम निर्योग्यताएँ एक सामान्य शब्द है जिसका तात्पर्य विकारों के असमान समूह से है, जो सुनने, बोलने, पढ़ने, लिखने तर्क अथवा गणितीय योग्यताओं के प्राप्त एवं उपयोग करने में सार्थक रूप से कठिनाईं अनुभव करते हैं। ये विकार व्यक्ति के आंतरिक होते हैं, जो केन्द्रीय स्नायु की दुष्क्रिया के कारण तथा संपूर्ण जीवन में घटित हो सकते हैं।

संयुक्त राज्य अमेरिका की राष्ट्रीय संयुक्त समिति (1981)

अधिगम निर्योग्यता एक मूल शब्द है जो एक ऐसे असमान समूह जो श्रवण, वाचन, अध्ययन, लेखन, तर्क, गणित जैसी योग्यताओं में सार्थक रूप से कठिनाई अनुभव करते हैं। ये कठिनाइयाँ किसी भी व्यक्ति की आंतरिक होती हैं, जो केन्द्रीय तंत्रिका तंत्र की विकृत क्रिया के परिणाम रूवरूप घटित होती हैं। यद्यपि अधिगम निर्योग्यता असमान परिस्थितयों (जैसे सांस्कृतिक विभिन्नता, अपर्याप्तता, अनुपयुक्त अनुदेशन, मनोवैज्ञानिक कारकों) का परिणाम हो सकती हैं, परंतु यह आवश्यक शर्त भी है कि, अधिगम निर्योग्यता इन कारणों के प्रत्यक्ष प्रभाव के कारण नहीं है।

अधिगम निर्योग्यताओं के लक्षण (Characteristics of Learning Disabilities)

अधिगम निर्योग्यता का एक विषमांग समूह होता है। प्रत्येक विद्यार्थी अनुपम होता है, जो कि एक क्षेत्र में कठिनाई अनुभव करता है एवं अन्य में नहीं। अनेक विद्यार्थी जिन्हें अधिगम निर्योग्यता नही होती वे अल्प समय के लिए उन्हीं की तरह व्यवहार कर सकते हैं (अतिक्रियाशीलता)।

विशिष्ट लक्षण (Specific Characteristics)

अधिगम निर्योग्यतों के विशिष्ट लक्षण यहाँ प्रस्तुत हैं :

असंगति कारक (Discrepancy Factor)

प्रस्तुत कारक सर्वप्रथम बेटमैन (1964) ने दिया। अनेक विद्वान इसे अधिगम

निर्योग्यता का एक आवश्यक लक्षण मानते हैं। असंगति तब होती है जबकि अनुमानित योग्यता एव शैक्षणिक निष्पादन में बहुत ज्यादा अंतर होता है।

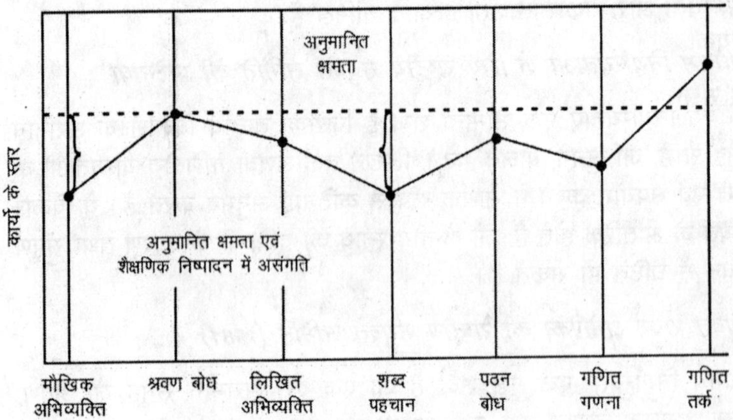

चित्र 1.1: शैक्षणिक अधिगम कठिनाई

मौखिक अभिव्यक्ति लिखित पहचान बोध गणना तक बोध अभिव्यक्ति।

शैक्षणिक अधिगम कठिनाइयाँ (Academic Learning Difficulties)

शैक्षणिक समस्याएँ अधिगम निर्योग्य व्यक्तियों का सबसे ज्यादा स्वीकृत लक्षण है, इसमें बुनियादी पठन कौशल बोध, लिखित अभिव्यक्ति गणितीय गणना, गणितीय तर्क आते हैं। पठन समस्याएँ सबसे ज्यादा समान होती हैं।

भाषा विकार (Language Disorder)

भाषा समस्याएँ पठन एवं गणितीय समस्याओं की तरह असंगति घटक के शब्दों में निर्वचित (Interpret) की जाती हैं। ओरटन (1937) जॉन्सन एवं मायकल बस्ट (1967) और विग एवं सेमेल (1984) ने भाषा समस्याओं को बताया। मार्गे (1972) ने अनुमान लगाया कि अधिगम निर्योग्य व्यक्तियों में पचास प्रतिशत को भाषा की समस्या होती है।

प्राथमिक कक्षा के विद्यार्थियों पर किए शोध में गिब्स एवं कूपर ने बताया कि 242 में से 90 प्रतिशत विद्यार्थियों में हल्के से मध्यम तक भाषा न्यूनता पाई गई। वोगेल (1975) ने बताया कि जो विद्यार्थी ठीक से पढ़ नहीं सकते वे भाषा समस्याओं से ग्रस्त पाये गये।

प्रत्यक्षणात्मक विकार (Perceptual Disorder)

प्रत्यक्षणात्मक समस्याएँ (संवेदनों के पहचान भेद एवं निर्वचन की अयोग्यता) विशेषकर दृश्यिक एवं श्रवण निर्योग्यताओं ने शोधकों का ज्यादा ध्यान आकर्षित किया। इस क्षेत्र की कुछ समान शब्दावलियाँ हैं दृश्यिक ग्राहयण, दृश्यिक विभेद, दृश्यिक स्मृति, श्रवणीय विभेद, श्रवणीय स्मृति एवं अंतःसंवेदी एकीकरण।

परा संज्ञानात्मक न्यूनताएँ (Meta Cognitive Deficits)

बेकर (1982), गोल्डमैन (1989), वोंग, (1982), ने बताया कि अधिगम नियोग्य व्यक्तियों में परासंज्ञानात्मक न्यूनताएँ पाईं गईं। बुनियादी तौर पर परासंज्ञान में दो घटक आते हैं :

(अ) किसी कार्य को प्रभावी रूप से करने के लिए कौशलों, व्यूह रचनाआं एवं स्रोतों की जागरूकता;

(ब) और आत्म नियंत्रण युक्तियों के उपयोग की योग्यता (चल रही गतिविधियों की प्रभाविता का मूल्यांकन प्रयासों के परिणामों की जाँच, कठिनाइयों को दूर करना।)

सामाजिक–संवेगात्मक समस्याएँ (Social Emotional Problems)

अपनी अधिगम निर्योग्यताओं से कुंठित होकर, अनेक विद्यार्थी अपने बारे में नकारात्मक अनुभूति अर्जित कर लेते हैं। रेपापोर्ट (1975) ने बताया कि सामान्य बालकों की तुलना में इनका संवेगों का विकास अलग प्रकार से होता है। इनकी आत्मसंकल्पना एवं आत्म सम्मान कमज़ोर होता है। लिच्ट (1984) ने बताया कि इनकी सतत असफलता के कारण ये बालक प्रायः उपलब्धि संबंधित कुअनुकूलित विश्वास विकसित कर लेते हैं। ब्रायन एवं ब्रायन (1986) ग्रेशम इलियट (1989), मॅक्किन्नी (1985) ने बताया कि अधिगम निर्योग्यता से ग्रस्त युवा अपने माता–पिता, अध्यापक, सहपाठी एवं अजनबियों से अंतर्क्रिया करते समय कठिनाई अनुभव करते हैं। ब्रायन (1977) ने सुझाया कि कुछ अधिगम निर्योग्य बालकों की समस्याएँ सामाजिक अनुभवशून्यता (Impercepti-veness) के कारण होती हैं।

स्मृति समस्याएँ (Memory Problem)

स्मृति – अनेक अधिगम निर्योग्य बालकों ने श्रवणीय एवं दृश्यिक उद्दीपकों की स्मृति की न्यूनता प्रदर्शित की हैं। हल्लाहन (1975), स्वासन (1987) टोरगेसेन (1988), टोरगेसेन एण्ड कैल (1980) ने इस क्षेत्र में शोध किए हैं। इस क्षेत्र में

टोरगेसेन ने सक्रियता से शोध किया। इन्होंने अपने शोध कार्य के आधार पर निम्न दो सामान्यीकरण किए :

(1) सामन्य बालकों की तुलना में अधिगम निर्योग्य बालक स्मृति के लिए व्यूह रचना का उपयोग नही कर पाते हैं। जैसे, सामन्य बालक इन्द्रधनुष के रंगों को याद करने के लिए क्रमानुसार सात रंगों में से प्रत्येक रंग के पहले अक्षर से बने शब्द (VIBGYOR) का उपयोग करते हैं, जबकि अधिगम निर्योग्य बालक इस प्रकार की व्यूह रचना का उपयोग नहीं करते, यदि करते भी हैं तो आसानी से नही कर पाते हैं।

(2) अधिगम निर्योग्य बालक शाब्दिक सामग्रियों को याद रखने में कठिनाई अनुभव करते हैं। ऐसा इसलिए होता है क्योंकि उन्हें ध्वनि सूचनाओं को ग्रहण करने में कठिनाई होती है। उदाहरणार्थ–श्याम (अधिगम निर्योग्य बालक) इधर आओ। ऐसा सुनने पर अधिगम निर्योग्य बालक ध्वनि सूचनओं को ठीक से ग्रहण नहीं कर पाता। वह अपना नाम सुनकर चौंकता है, लेकिन बुलाने वाले की ओर नहीं जाता। इससे बुलाने वाले को लगता है कि अधिगम नियोग्य बालक उसकी बात को अनसुना कर रहा है, परंतु वास्तव में ऐसा नहीं होता।

गामक विकार (Motor Disorders)

अधिगम निर्योग्य विद्यार्थी फूहड़ तरीके से चलते हैं तथा वे गेंद फेंकने एवं पकड़ने में कठिनाई अनुभव करते हैं। वे कैंची चलाने, बटन टांकने तथा जिप लगाने में कठिनाई अनुभव करते हैं।

अवधान की समस्याएँ एवं अतिक्रियाशीलता (Attention Problems and Hyperactivity)

विद्यालयीन कार्यों में सकल होने के लिए बालक को सार्थक कक्षा कार्यों पर विचारों के पहचान एवं उन्हें बनाए रखने के योग्य होना चाहिए। तथा उन्हें नये कार्यों पर अपना अवधान बदलने के योग्य भी होना चाहिए। अवधान समस्या से ग्रस्त बालक बाह्य उद्दीपकों से अलग नहीं कर पाते तथा निरर्थक उद्दीपकों के प्रति आकर्षित हो जाते हैं। उनका अवधान काल अत्यंत अल्प होता है। वे विचलनशीलता एवं अतिक्रियाशीलता प्रदर्शित करते हैं।

अनेक शोध अध्ययन यह बताते हैं कि अधिगम बाधित बालकों में अवधान एवं अतिक्रियाशीलता की समस्याएँ पाई जाती हैं (शेविट्झ एवं शेविट्झ 1987)।

अमेरीकी मनोचिकित्सा परिषद् ने चौदह व्यवहारों की सूची दी है जो कि अवधान एवं अतिक्रियाशीलता विकार को बताते हैं :

1. प्रायः हाथ अथवा पैर अथवा बाहों से बैचेनी प्रदर्शित करता है।
2. एक स्थान पर बैठने को कहा जाने पर उसी स्थान पर बैठे रहने में कठिनाई अनुभव करता है।
3. बाह्य उद्दीपकों से आसानी से विचलित हो जाता है।
4. समूह स्थितियों में अथवा खेल में अपनी पारी आने पर इंतजार करने में कठिनाई अनुभव करता है।
5. प्रश्न समाप्त होने से पहले उत्तर दे डालता है।
6. काम समाप्त नहीं कर पाता है।
7. खेल गतिविधियों में एवं कार्यों में अवधान नहीं बनाए रख पाता है।
8. एक कार्य अपूर्ण छोड़कर दूसरा करने लग जाता है।
9. शांति से खेलने में कठिनाई होती है।
10. प्रायः ज्यादा बात करता है।
11. दूसरों की बात करता है अथवा बीच में व्यवधान उत्पन्न करता है।
12. उसे जो कुछ भी कहा जाता है प्रायः उसे वह नहीं सुनता है।
13. विद्यालय एवं घर में आवश्यक वस्तुएँ प्रायः खो देता है (जैसे खिलौने, पेंसिलें, किताबें, प्रदत्त कार्य)।
14. प्रायः जोखिमपूर्ण शारीरिक गतिविधियों में बिना उसका परिणाम जाने लग जाता है (बिना देखे सड़क पर दौड़ने लगता है।)

अवधान एवं अतिक्रियाशीलता के विकार की पहचान के लिए बालक में: (1) उक्त 14 में से 8 विशेषताएँ प्रदर्शित होनी चाहिए, (2) अन्य लोगों की तुलना में इन्हें उसे बार–बार प्रदर्शित करना चाहिए। (3) ये विशेषताएँ उसे सात वर्ष की उम्र प्रारंभ होने से पहले प्रदर्शित करना चाहिए। एवं (4) छः माह तक ये विशेषताएँ प्रदर्शित करना जारी रखना चहिए।

2

अधिगम निर्योग्यता के कारण
(Causes of Learning Disabilities)

ज़्यादातर मामलों में अधिगम निर्योग्यता के कारणों को जानना मुश्किल होता है, विद्वानों के अनुसार इसके प्रमुख कारण निम्न हैं :

जैव एवं जीव विज्ञान संबंधी कारक (Organic & Biological Factors)

अधिकांश विशेषज्ञों का यह मानना है कि अधिगम निर्योग्यता मस्तिष्क की विकृत क्रिया (Dysfunction) का परिणाम है। आर्टोन ने बताया कि मिश्रित प्रभुत्व के कारण पठन निर्योग्यता होती है। मिश्रित प्रभुत्व (Mixed Dominance) से तात्पर्य है, ऐसे व्यक्ति जिनकी शरीर रचना मिश्रित होती है, उदाहरण के लिए दाँये हाथ वाले बाँयी आँख वाले एवं बाँये पैर वाले। इस सिद्धान्त के अनुसार मिश्रित प्रभुत्व मस्तिष्क चोट के कारण होता है। जॉन एवं सहयोगियों (1989) ने इलेक्ट्रोइन्सेफेलोग्राम (EEG) द्वारा यह पाया कि अधिगम निर्योग्य व्यक्तियों की मस्तिष्क तरंगे असामान्य होती हैं। कम्प्यूटरीकृत टोमोग्राफिक स्केन द्वारा भी इस क्षेत्र में शोध किया जा रहा है।

आनुवांशिक कारक (Genetic Factors)

ऐसे साक्ष्य पाये गये हैं कि अधिगम निर्योग्यता परिवार में विद्यमान रहती है (फिनुस्सी एवं चाइल्डस 1983, ओवेन एवं अन्य 1971)। अधिकतर शोध आनुवांशिकता को अधिगम निर्योग्यता विशेषकर पठन निर्योग्यता का कारण बताते हैं। जुड़वां बालकों के अध्ययनों से यह पता चलता है कि समरूप यमज (Identical Twins) होने पर यदि एक में पठन निर्योग्यता होगी तब दूसरे में भी इसके होने की प्रबल संभावना होगी (हॉलगेन, 1950, आल्सन एवं अन्य 1989)।

परिपक्वता विलम्ब (Maturational Delay)

कभी–कभी परिपक्वतात्मक विलम्ब के कारण भी अधिगम निर्योग्यता आती है। बेन्डर (1973) ने यह पाया कि मस्तिष्क की विभिन्न अवस्थाओं में विलम्ब होता है, जिसके कारण परिपक्वतात्मक कमी आती है उसने इसके निम्न लक्षण बताये थे:

1. भाषा कौशलों का विशेषकर पठन का धीमा परिपक्वन।
2. गामक कौशलों का विलम्बित विकास।
3. बौद्धिक विकास के मापकों पर अनियमित निष्पादन तरीका।
4. दृश्यिक गामक समस्याएँ।
5. अपूर्ण अथवा मिश्रित प्रभुत्व।
6. दायाँ–बायाँ विभ्रम।
7. अपरिपक्वता (प्रायः पुरुषों में ज़्यादा दिखती है।)
8. परिवार के सदस्यों के समान लक्षणों की प्रवृत्ति।

हिर्श एवं लेंगफोर्ड (1966) ने पठन, लेखन एवं शब्दार्थ की न्यूनता के लिए विकासात्मक अवरोधों को उत्तरदायी पाया। कोपिट्ज (1973) ने पाँच वर्षों के अनुगामी अध्ययन द्वारा इस बात की पुष्टि की कि अधिगम निर्योग्य बालक तंत्रिका विज्ञानी रूप से अपरिपक्व होते हैं, तथा उन्हें अन्य सामान्य बालकों की अपेक्षा देरी से विद्यालय प्रारंभ करने की आवश्यकता होती है।

पोषणिक न्यूनताएँ (Nutritional Deficiencies)

बढ़ते हुए बच्चे को पर्याप्त पोषण की आवश्यकता होती है, विशेषकर प्रथम छः माहों में कमजोर पोषण एवं गम्भीर कुपोषण बालक की सीखने की योग्यता को कम करता है कुपोषण से उसकी अंतर्संवेदी योग्यताओं को नुकसान पहुँचता है एवं विकास विलम्बित हो जाता है। कोट्ट (1972) ने पोष्णिक वंचन को कमजोर मस्तिष्क में जीव रसायनिक कार्यों से जोड़ा तथा इसके लिए मेगा विटामिन एवं आर्थो मालेक्युलर चिकित्सा सुझाई है।

फेनगोल्ड (1976) ने बताया कि भोजन में उपस्थित रासायनिक रंग, संरक्षण अथवा अन्य पदार्थ के प्रति कुछ व्यक्ति क्रिया कर सकते हैं, जिसके कारण अतिक्रियाशील व्यवहार घटित हो सकता है। उसने अतिक्रियाशील बच्चों के लिए के.पी. पोषण (Kaiser Permanente Diet) की अनुशंसा की है। इस खुराक के द्वारा सभी अप्राकृतिक संरक्षक एवं प्राकृतिक सेलिसायलेट दूर हो जाते हैं, फेनगोल्ड ने 30 प्रतिशत से 50 प्रतिशत तक मामलों में सुधार बताया। अन्य

शोधकर्त्ताओं को ऐसे परिणाम प्राप्त नहीं हुए। इस क्षेत्र में और अध्ययन किए जाने की आवश्यकता है।

पर्यावरण की भूमिका (The Role of Environment)

पर्यावरण में ऐसे अनेक कारक मौजूद रहते हैं जिनके द्वारा अधिगम निर्योग्यता हो सकती है। गरीब परिवारों में बच्चे को संवेदी, भाषिक एवं संज्ञानात्मक गतिविधियों का सामना नहीं करना होता है, उदाहरणार्थ यदि किसी बालक को विद्यालय जाने का अवसर न मिले तब उसमें बुनियादी शैक्षणिक कौशल विकसित नहीं होंगे। संवेगात्मक रूप से अस्थिर परिवार के बच्चों में पढ़ाई के लिए अभिप्रेरणा का अभाव रहता है। ब्रूनर (1971) ने यह बताया कि विद्यालय में कमजोर अध्यापन के कारण भी अधिगम निर्योग्यता हो सकती है। हमारे देश में अनेक विद्यालयों में विशेषकर शासकीय विद्यालयों के अध्यापकों को अपना विषय भी ठीक से नहीं आता उन्हें दूसरे विषय भी पढ़ाने को दे दिए जाते हैं, इसके कारण वे अपने व्यवसाय के प्रति न्याय नहीं कर पाते।

3

तंत्रिका विज्ञान एवं अधिगम निर्योग्यताएँ (Neurology and Learning Disabilities)

मर्सर (1991) के अनुसार सभी अधिगम मस्तिष्क में घटित होते हैं तथा यह तंत्रिका पद्धति के द्वारा सरलीकृत किए जाते हैं। तंत्रिका विज्ञान तंत्रिका पद्धति की संरचना एवं कार्य के बारे में बताता है। तंत्रिका विज्ञानी दृष्टिकोण के अनुसार अधिगम निर्योग्यता सर्वाधिक सामान्य तंत्रिकाविज्ञानी विकार है, जो विद्यालय जाने वाले विद्यार्थियों में पाया जाता है। (शेकिट्ज, मेक्ग्रा एवं ग्रोल, 1984)

केन्द्रीय तंत्रिका तंत्रः संरचना और कार्य (Central Nervous System : Structure and Function)

तंत्रिका विज्ञानी अनियमितताओं एवं दुष्क्रियाओं की बेहतर समझ एवं उनकी अधिगम से सम्भावित जोड़ के लिए केन्द्रीय तंत्रिका तंत्र के कार्यों को समझना आवश्यक है। तंत्रिका पद्धति लगातार विकसित हो रही लाखों कोशिकाओं की बनी होती है। तंत्रिका पद्धति की बुनियादी इकाई तंत्रिका कोशिका (Nerve) होती है। तंत्रिका पद्धति तंत्रिका कोशों के अनेक रूपों से बनी होती है। प्रत्येक तंत्रिका कोश में कोशिका निकाय (Cell Body) अक्षतंतु (Axon) एवं प्रतानिका (Dendrite) होते हैं। प्रतानिका से प्राप्त तंत्रिका आवेग अथवा विद्युत आवेग कोशिका निकाय से होकर अक्षतंतु में जाते हैं, जहाँ उसे अन्य प्रतानिका ले लेती है। प्रतानिकाओं के व्यापक शाखीयकरण (Branching) के कारण एक तंत्रिका कोश सैकड़ों अन्य से अंतर्क्रिया कर सकता है। तंत्रिका आवेग एक तंत्रिका कोश से दूसरे तंत्रिकाकोश पर संधि योजना द्वारा जिसे अन्तर्ग्रथन कहते हैं, रसायनों की किया से जिसे तंत्रिका प्रेषित कहते हैं, संचालित होते हैं। इस रिले पद्धति के द्वारा व्यवहार को संचालित करने वाले उत्तेजक एवं अवरोधक संदेश संपूर्ण शरीर में भेजे जाते हैं।

तंत्रिका पद्धति के दो मुख्य क्षेत्र होते हैं : केन्द्रीय तंत्रिका पद्धति एवं परिधि

तंत्रिका तंत्र (Peripheral Nervous System)। केन्द्रीय तंत्रिका पद्धति में सुषुम्ना स्तम्भ (Spinal Column) एवं मस्तिष्क होता है।

परिधि तंत्रिका तंत्र तंत्रिकाओं एवं अन्य संवेदी संरचनाओं की बनी होती है, जो कि केन्द्रीय तंत्रिका तंत्र के बाहरी ओर रहती है, जो केन्द्रीय तंत्रिका पद्धति को शेष शरीर से जोड़ती है। केन्द्रीय तंत्रिका तंत्र तंत्रिका पद्धति के समन्वयी एवं चिन्तन अंशों से बनी होती है। सुषुम्ना स्तंभ मस्तिष्क को शरीर से जोड़ने वाले संयोजन जोड़ का कार्य करता है। यह दो प्रकार से कार्य करता है: (अ) संवेदी तंत्रिकाओं से सूचनाओं के लिए कार्य करता है, अथवा (ब) सूचनाओं को मस्तिष्क को अग्रेषित करता है।

मस्तिष्क के तीन मुख्य अंश होते हैं: मस्तिष्क तना (Brain Stem) अनुमस्तिष्क (Cerebellum), प्रमस्तिष्क (Cerebrum)। मस्तिष्क तनों में मेरूशीर्ष (Medulla Oblongata), पोन्स, मध्य मस्तिष्क (Midbrain) अन्तरामस्तु (Diencephalon) शामिल रहते हैं (देखिए चित्र 3.1) यह मस्तिष्क का सबसे पुराना आदि भाग है। तथा मानव विकास के समय इसमें थोड़ा परिवर्तन हुआ है। मेरूशीर्ष हृदय एवं श्वास दर तथा अन्य प्रतिवर्तों एवं जीवन क्रियाओं को समन्वित करता है। पोन्स चेहरे की संवेदी आगत और गामक बाह्य प्रवाह से संबंधित होती है। मध्य मस्तिष्क आँखों के संचलनों , मस्तिष्क की जागरूकता, एवं अवधान को नियंत्रित करता है। अन्तरामस्तु मस्तिष्क तने एवं शेष मस्तिष्क को गंध को छोड़कर शेष सभी संवेदी पद्धतियों को नियंत्रित करता है।

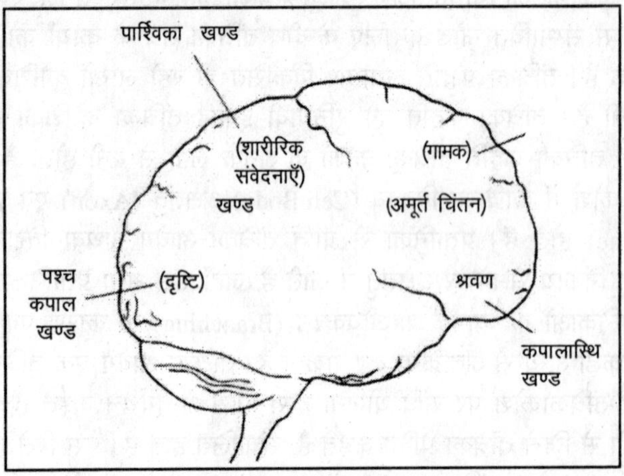

चित्र 3.1: गैर–क्षतिग्रस्त परिपक्व मस्तिष्क के भाग

अनुमस्तिष्क (Cerebellum) अन्य सरंचनाओं के संयोजन से संवेदीआगत प्राप्त एवं एकीकृत स्वैच्छिक पेशीय पद्धति का समन्वय (सन्तुलन आसन) करती है। प्रमस्तिष्क मस्तिष्क का सबसे बड़ाभाग होता है तथा यह तंत्रिका पद्धति की चेतन कार्यात्मकता को नियंत्रित करता है। अधिगम से संबंधित क्रियाएँ यहीं घटित होती हैं। प्रमस्तिष्क ने तंत्रिका वैज्ञानिकों का ध्यान अधिगम निर्योग्यताओं से संबंधित होने के कारण आकर्षित किया। यह दो अर्धगोलार्द्धों, दायें एवं बायें में विभाजित रहता है। ये दोनों गोलार्द्ध आपस में तंत्रिका तन्तुओं (fiber) से जुड़े रहते हैं जो कि सम्प्रेषण के रूप में कार्य करते हैं। प्रत्येक अर्धगोलार्द्ध चार मुख्य क्षेत्रों कपालस्थि खण्ड (Temporal Lobe) सामने का खण्ड (Frontal Lobe), पश्चकपाल खण्ड (Occipital Lobe) एवं पार्श्विका खण्ड (Parietal Lobe) में विभाजित रहता है। प्रमस्तिष्कीय खण्ड की सतह अन्तरत्वचिका (Cortex) कहलाती है, तथा यह लहरिका (Convolution) एवं घाटियों से ढ़ंकी रहती है। प्रमस्तिष्क अन्तरत्वचिका (Cortex) सभी संवेदी सूचनाओं को प्राप्त एवं एकीकृत करता है, तथा चेतन गतिविधियों को नियंत्रित करता है।

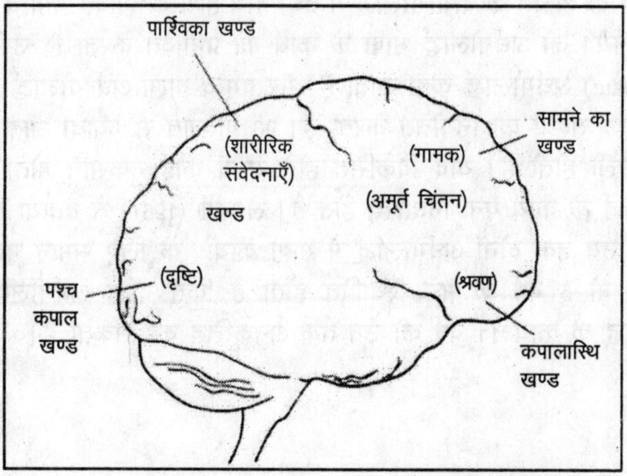

चित्र 3.2: अर्धगोलार्द्धीय खण्ड एवं उनके कार्य

प्रत्येक खण्ड निश्चित संवेदी आगत एवं क्रियाओं से संबंधित व्यवहार को समन्वित करता है। उदाहरण कपालस्थि खण्ड सुनने एवं क्या सुना है? उसके बोध एवं श्रवण स्मृति के व्यवहार से संबंधित होता है। ललाट खण्ड (Frontal Lobe) को बौद्धिक कार्यों जैसे अमूर्त चिन्तन का आसन माना गया है, यह शरीर संचलन एवं वाणी को भी नियंत्रित करता है। शरीर के विभिन्न अंगों की स्पर्श

संवेदनाएँ पार्श्विका खण्ड (Parietal Lobe) में स्थित रहती है। पश्चकपाल खण्ड (Occipital Lobe) दृष्टि एवं दृश्यिक प्रत्यक्षीकरण से संबंधित होता है। पश्चकपाल खण्ड से अन्य क्षेत्रों की तंत्रिकाएँ दृश्यिक आगत अनुमति देती हैं ताकि अर्थ अर्जित किया जा सके तथा दृश्यिक प्रक्रियाओं जैसे वस्तु का वर्णन एवं विश्लेषण किया जा सके।

प्रमस्तिष्कीय अर्धगोलार्द्ध अनुप्रस्थ पार्श्विक (Cross Laterally) रूप से (अर्थात् शरीर के विपरीत भागों से) कुछ कार्यों में समान होते हैं। उदाहरणार्थ – दाँयां अर्धगोलार्द्ध संवेदी सूचनाओं का पंजीयन (जैसे दृश्यिक, स्पर्श और श्रवणीय) शरीर के बाँयें भाग से करता है। दाँयें हाथ से निष्पादन के लिए संकेत होते हैं, इनके सही रूप से कार्य न कर पाने से अधिगम निर्योग्यता होती है।

ब्रोका ने यह बताया कि वाणी सम्प्रेषण बाँयें ललाट खण्ड से नियंत्रित होता है। वर्निके (1889) एवं लूरिया (1970) ने इसी प्रकार के परिणाम पाये। आर्टोन (1937) ने पठन लेखन एवं भाषा के अन्य कार्यों की कठिनाई के लिए पार्श्विक प्रभुत्व का प्रभाव नहीं पाया। इन शोधों ने यह स्थापित किया कि भाषा के कार्य बाँयें हाथ के व्यक्ति के दाँये गोलार्द्ध में तथा दाँये हाथ के व्यक्ति में बाँयें गोलार्द्ध में पाये गये। जो अर्धगोलार्द्ध भाषा के कार्य को प्रभावित करता है, उसे प्रभुत्व (Dominate) अर्धगोलार्द्ध कहा जाता है। गैर प्रभुत्व वाला अर्ध गोलार्द्ध कालिक एवं दैशिक संबंधों को नियंत्रित करता है। 90 प्रतिशत से ज्यादा आबादी दाँयें प्रभुत्व वाली होती है। यदि विकसित होते समय कोई नुकसान होता है, तब अर्धगोलार्द्ध के कार्य पुनः निर्धारित होते हैं। लेनबर्ग (1967) ने बताया कि तीन माह की उम्र तक दोनों अर्धगोलार्द्ध में भाषा कार्यों के लिए समान गोलार्द्धीय प्रभुत्व 3 से 5 वर्ष के मध्य स्थापित होता है किंतु दाँया अर्धगोलार्द्ध बाँयें अर्धगोलार्द्ध के कार्य 11 वर्ष की उम्र तक अनुकूलित कर सकता है।

4

नैदानिक प्रक्रिया
(Diagnostic Process)

नैदानिक प्रक्रिया के चार (4) सोपान होते हैं : पहचान, नियुक्ति, अनुदेशन एवं मूल्यांकन। प्रस्तुत प्रक्रिया में योग्यता एवं कौशल प्रतिमानों के घटक शामिल रहते हैं। जैसा कि किर्क (1972), बेटमैन (1965), एवं स्मिथ (1974) एवं अन्य ने वर्णित किया है, इसके लिए निम्न विचार आवश्यक होते हैं :

1. यदि अधिगम निर्योग्यता है तब, इसे ज्ञात कीजिए।
2. निष्पादन का वर्तमान स्तर ज्ञात कीजिए।
3. विद्यार्थी कैसे सीखता है? इसका विश्लेषण कीजिए।
4. अनुदेशन के प्रभाव का मूल्यांकन कीजिए।

अधिगम निर्योग्यता को ज्ञात करने का प्रारंभ, अधिगम निर्योग्यता को परिभाषित करने वाले विभिन्न प्राचलों (Parameters) के परीक्षण से किया जाता है। अधिगम निर्योग्यता की अनेक परिभाषाएँ दी गई हैं, यद्यपि मर्सर, फार्गनन, और वोल्किंग (1976) ने बताया कि अधिकांश परिभाषाओं में कई घटक शामिल हैं, जैसे प्रकिया घटक, शैक्षणिक उपलब्धि घटक, और अपवर्जन (Exclusion) कारक। सभी अधिगम निर्योग्यों के उपलब्ध अंतिम घटक असंगति (Discrepancy) कारक हैं। बेटमैन (1964) के अनुसार असंगति से तात्पर्य अधिगमक की अनुमानित योग्यता एवं अधिगमक ने क्या सीखा है? के मध्य असंगति है।

अपवर्जन घटक (Exclusion Component)

अनेक कारकों (उदाहरण सुनने एवं देखने में) जिनकी गहन परीक्षण के पूर्व जाँच की जाना चाहिए, यह सहायक होगा कि हम अपवर्जन घटक से प्रारम्भ करें। यदि अभ्यासकर्त्ता (Practitioner) विकलांग बालकों की राष्ट्रीय समिति (National

Association on Handicapped) की परिभाषा में दिए गए क्षेत्रों का उपयोग करता है। तब निम्न निकर्ष उपयुक्त होगा :

1. मानसिक मन्दन का अपवर्जनः बुद्धि के किसी व्यक्तिगत परीक्षण पर यदि व्यक्ति का फलांक–2 मानक विचलन हो, जिसकी व्याख्या प्रमाणीकृत मनोवैज्ञानिक ने की हो।
2. दृष्टिहीन अथवा आंशिक दृष्टिवान।
3. मूल अथवा सुनने में कठिनाई का अपवर्जन, जैसे कि श्रवणीय तीक्ष्णता (Acuity) 30 डेसीबल से अधिक न हो, एवं वाणी व भाषा सामान्य माध्यमों से सीखी गई हों।
4. शारीरिक अक्षमता का अपवर्जन, प्राथमिक शारीरिक अक्षमता का कोई साक्ष्य न हो जो बालक की न्यूनता (deficit) से संबंधित हो।
5. गम्भीर प्रकृति का ऐसा संवेगात्मक व्यवधान जिसके लिए उपचारात्मक–अपनत्व अनुदेशनात्मक कार्यक्रम की आवश्यकता हो, का अपवर्जन।

अपवर्जन कारक 2, 3 एवं 4 के परीक्षणों के लिए वर्तमान चिकित्सा प्रतिवेदन की आवश्यकता होगी तथा कारक 1 एवं 5 के लिए मनौवैज्ञानिक की आवश्यकता होगी।

शैक्षणिक उपलब्धि घटक (Academic Achievement Component)

निम्न क्षेत्रों में मानकीकृत उपलब्धि परीक्षण प्रशासित किए जा सकते हैं :

- पठन,
- लेखन,
- अंकगणित,
- वर्तनी

तथा पूर्व शैक्षणिक कौशल।

जिनके फलांक मानक से कम हों उनकी पहचान कर ली जाती है।

प्रक्रिया घटक (Process Component)

मर्सर एवं अन्य (1976) ने बताया कि प्रक्रिया कारक अधिगम निर्योग्यता की 83 प्रतिशत परिभाषाओं में शामिल किया गया है। मानकीकृत परीक्षण द्वारा निम्न क्षेत्रों में नैदानिक प्रदत्त बताते हैं :

1. **दृश्यिक** : प्रत्यक्षणात्मक (विभेद एवं सामीप्य), स्मृति, साहचर्य, ग्रहण (Reception)

2. **श्रवणीय** : प्रत्यक्षण
3. **स्पर्श**, गतिज
4. **संवेदी** समन्वयः दृश्यिक गामक, श्रवणीय गामक, श्रवणीय–वाचिक, दृश्यिक–श्रवणीय (वाचिक)

असंगति घटक (Discrepancy Components)

यदि व्यक्ति की सामर्थ्य और अधिगम के स्तर में असंगति है, इसे ज्ञात करने के लिए लेर्नर (1976) ने निम्न प्रश्न करने की वकालात की है :

1. व्यक्ति की अधिगम के लिए सामर्थ्य क्या है? (उसकी सीखने के लिए) योग्यता स्तर अथवा क्षमता क्या है?
2. व्यक्ति का वर्तमान उपलब्धि स्तर क्या है?
3. सामर्थ्य एवं उपलब्धि के मध्य किस अंश तक अपवर्जन सार्थक है?

अनेक तकनीक जो प्रत्याशा कारक को समाविष्ट करते हैं उनका उपयोग अधिगम निर्योग्यताओं को निर्धारित करने में किया जाता है। (अ) विद्यालय में बिताए वर्ष विधि (ब) मानसिक श्रेणी (Grade) विधि (स) अधिगम लब्धि विधि (द) हेरिस विधि।

(अ) विद्यालय में बिताए वर्ष विधि

श्रेणी प्रत्याशा की गणना के लिए बान्ड एवं टिंकर (1967) ने निम्न सूत्र दिया (इस सूत्र में RE का तात्पर्य पठन प्रत्याशा श्रेणी YES का अर्थ विद्यालय में वर्ष है।)

$$\text{पठन प्रत्याशा} = \frac{\text{विद्यालय में बिताए वर्ष} \times \text{बुद्धि लब्धि}}{100} + 1.00$$

माना कि 11 वर्ष के राम का I.Q 110 है, तथा वह 5वीं कक्षा के मध्य में है। अर्थात् उसने विद्यालय में 5.5 वर्ष बिताए हैं, तब सूत्र के अनुसार उसकी पठन प्रत्याशा श्रेणी = 7.05 है।

$$\text{पठन प्रत्याशा} = \frac{5.5 \times 110}{100} + 1.00$$

यदि राम 4.5वीं कक्षा में पढ़ता है तथा उसकी प्रत्याशा एवं उपलब्धि स्तर के मध्य असंगति = 2.55 वर्ष होगा।

***(ब) मानसिक श्रेणी विधि* (Mental Grade Method)**

विद्यार्थी की मानसिक उम्र का उपयोग करते हुए, हेरिस (1967) ने विद्यार्थी की

पठन प्रत्याशा ज्ञात करने के लिए अत्यंत सरल विधि दी है। परीक्षक बालक की मानसिक उम्र में से 5 वर्ष घटा देता है।

$$\text{पठन प्रत्याशा} = \text{मानसिक उम्र} - 5$$

$$\text{Reading Expectactions} = \text{MentalAge} - 5$$

यदि असंगति है, तब इसको ज्ञात करने के लिए विद्यार्थी की पठन प्रत्याशा एवं उसके वर्तमान पठन स्तर की तुलना की जाती है। राम 11 वर्ष का है एवं उसकी बुद्धिलब्धि (I.Q.) 110 है।

$$\text{मानसिक उम्र} = \frac{\text{I.Q.} \times \text{C.Q.}}{100}$$

प्रस्तुत सूत्र का उपयोग करने पर राम की पठन प्रत्याशा श्रेणी = 7.1 है।

$$RE = MA - 5$$

$$RE = \frac{110 \times 11}{100} - 5$$

$$RE = 12.1 - 5 = 7.1$$

यदि राम 4.5 श्रेणी स्तर पर पढ़ता है। तब उसके पठन में असंगति 2.6 वर्ष होगी।

(स) अधिगम लब्धि विधि (Learning Quotient Method)

मायकल बस्ट (1968) ने प्रस्तुत विधि का विकास किया। इस विधि में मानसिक उम्र, शारीरिक उम्र तथा श्रेणी उम्र शामिल हैं।

$$\text{प्रत्याशा उम्र} = \frac{\text{मानसिक उम्र} + \text{शारीरिक उम्र} + \text{श्रेणी उम्र}}{3}$$

$$EA = \frac{MA + CA + GA}{3}$$

तथा

$$\text{शैक्षिक लब्धि} = \frac{\text{उपलब्धि उम्र}}{\text{प्रत्याशा उम्र}}$$

$$EA = \frac{AA}{EA}$$

इस प्रकार अधिगम लब्धि वर्तमान उपलब्धि उम्र एवं प्रत्याशा उम्र का अनुपात है। यदि किसी बालक का फलांक .89 अथवा उससे कम हो तब वह अधिगम निर्योग्य होगा।

वेश्लर बुद्धि मापनी द्वारा मापे जाने पर दो प्रकार की मानसिक उम्र, शाब्दिक एवं निष्पादन प्राप्त होती है शाब्दिक मानसिक उम्र को ज्ञात करने के लिए शाब्दिक I.Q. को शारीरिक उम्र से गुणा कर एवं 100 से भाग देकर प्राप्त किया जा सकता है।

$$\text{शाब्दिक मानसिक उम्र} = \frac{\text{शाब्दिक I.Q.} \times CA}{100}$$

इसी प्रकार निष्पादन मानसिक उम्र को ज्ञात करने के लिए निष्पादन I.Q. मे शारीरिक उम्र से गुणा कर एवं 100 से भाग देकर प्राप्त किया जा सकता है।

श्रेणी (grade) उम्र ज्ञात करने के लिए, वर्तमान श्रेणी में 5.2 जोड़ा जाता है। तथा उपलब्धि उम्र (AA) ज्ञात करने के लिए वर्तमान उपलब्धि स्तर में 5.2 जोड़ा जाता है।

(द) हेरिस विधि

हेरिस (1970) ने प्रत्याशा उम्र ज्ञात करने के लिए एक अन्य तकनीक बताई। इसमें मानसिक उम्र एवं शारीरिक उम्र दोनों को शामिल किया जाता है, किंतु प्राथमिकता मानसिक उम्र को दी जाती है।

$$\text{शैक्षिक प्रत्याशा} = \frac{2\ \text{मानसिक उम्र} + \text{शारीरिक उम्र}}{3}$$

$$EA = \frac{2\,MA + CA}{3}$$

निदान का प्राथमिक लक्ष्य निश्चित सूचना एकत्र कर विश्लेषित करना होता है, ताकि अध्यापन में सहायता मिल सके। विद्यालय में इसके तीन कार्य होते है : (अ) छंटाई (Screening) (ब) पहचान एवं नियुक्ति, और (स) अनुदेशन

छंटाई के अंतर्गत ऐसे छात्रों की पहचान की जाती है जो कि अधिगम निर्योग्य होते हैं। इस हेतु मानकीकृत परीक्षणों का उपयोग अधिक किया जाता है। इस हेतु अध्यापक एवं मातापिता के निरीक्षण जांच सूचियों एवं निर्धारण मापनियों का उपयोग भी किया जाता है। बालक के केस अध्ययन की सूचनाओं का उपयोग भी किया जाता है।

गहन निदान द्वारा विद्यार्थियों की अधिगम निर्योग्य के रूप में पहचान की जाती है, तथा उसे विशिष्ट शिक्षा कार्यक्रम में प्रवेश दिया जाता है।

नैदानिक उपागम (Diagnostic Approach)

नैदानिक उपागमों के अंतर्गत दो प्रतिमानों : योग्यता प्रशिक्षण प्रतिमान एवं कौशल प्रतिमान का उपयोग किया जाता है (स्टीफेन्स, 1977)।

योग्यता प्रतिमान (Ability Model)

योग्यता प्रतिमान में मनोशैक्षिक केन्द्र योग्यता प्रक्रिया की कमजोरियों एवं शक्तियों की पहचान करना तथा शैक्षिक क्षेत्र में निष्पादन के स्तर को ज्ञात करना होता है। प्रस्तुत प्रतिमान इस बात पर आधारित होता है कि अधिगम समस्या का कारण व्यक्ति के अंदर है जो प्रक्रियाएँ अधिगम के लिए आवश्यक होती हैं। वे या तो ठीक से काम नहीं कर रही हैं अथवा

प्रत्यक्षणात्मक–गामक दृश्यिक प्रत्यक्षण, लघु अवधान विस्तार, और श्रवण प्रत्यक्षण इत्यादि प्रक्रिया क्षेत्र हैं। इस प्रतिमान में निम्न बुनियादी मत शामिल हैं :

1. अधिगम समस्या का आधार बालक के अंदर है (अर्थात् सूचना संसाधन)।
2. ये प्रक्रियाएँ शैक्षणिक कार्यों को प्रभावित करती हैं।
3. इन् प्रक्रियाओं तथा इनकी कमज़ोरियों एवं मज़बूतियों की पहचान की जा सकती है।
4. विशिष्ट प्रक्रियाओं के निर्धारण के लिए वैध एवं विश्वसनीय उपकरण उपलबध हैं।
5. इन प्रक्रियाओं का उपचार संभव है।
6. विद्यार्थी प्रक्रिया क्षेत्रों की पहचानी गई कमज़ोरियों एवं मज़बूतियों के आधार पर प्रयुक्त अध्यापन विधियों से लाभ उठा सकता है।

कौशल प्रतिमान (Skill Model)

प्राथमिकतः इसका केन्द्र शैक्षणिक विकास का मापन होता है। इसमें प्रत्यक्ष अनुदेशन पर बल दिया जाता है। ज्यादातर कौशल पदानुक्रम का उपयोग मापन एवं अनुदेशन में किया जाता है।

इसके बुनियादी मत में शामिल हैं :

1. विकलांगता का केन्द्र बालक के बाहर होता है।
2. व्यवहार का प्रत्यक्ष निरीक्षण किया जा सकता है।
3. परीक्षण के पद उन कार्यों के समान होना चाहिए जिसे कि बालक को कक्षा में करना होता है।
4. कौशलों का एक पदानुक्रम होता है व अधिगमक को इन्हें क्रम में सीखना चाहिए।

5

अधिगम निर्योग्यता से संबंधित शोध (Research Related to Learning Disabilities)

अधिगम निर्योग्यता से संबंधित अल्प शोध ही किए गए हैं, जिन्हें गणितीय निर्योग्यता से संबंधित शोध, भाषा अधिगम निर्योग्यता से संबंधित शोध, पठन निर्योग्यता से संबंधित शोध अधिगम निर्योग्यता एवं मनोवैज्ञानिक कारकों से संबंधित शोध एवं अन्य शोध के अंतर्गत वर्गीकृत किया गया है।

गणितीय निर्योग्यता से संबंधित शोध (Research Related to Mathematical Disabilities)

गणितीय निर्योग्यता से संबंधित 6 शोध अध्ययन किए गए हैं जो कालानुक्रमानुसार यहाँ दिए गए हैं :

भट्टाचार्य (1977) ने बीजगणित में अधिगम निर्योग्यता का अध्ययन किया। अध्ययन के मुख्य उद्देश्य थे : (1) विशिष्ट रूप अभिकल्पित उपकरण की सहायता से बीजगणित के विशिष्ट क्षेत्रों में विद्यार्थियों की निर्योग्यता के विस्तृत प्रतिरूप का निदान करना। (2) इन क्षेत्रों में अधिगम निर्योग्यता को रोकने के लिए शिक्षण विधि का परीक्षण करना।

प्रस्तुत अध्ययन में क्रमबद्ध न्यादर्श, कक्षा 8वीं के धीमी गति से सीखने वाले लड़के तथा लड़कियों, जिनकी जोड़ की अवस्था में संख्या 238 तथा गुणा की अवस्था में 252 थी। जोड़ तथा गुणा में निदानात्मक परीक्षण का विकास किया गया। इनका परीक्षण – पुनः परीक्षण विश्वसनीयता गुणांक क्रमशः 0.96 तथा 0.94 था। अध्ययन के निष्कर्ष अग्रलिखित हैं : (1) निर्योग्यता का स्तर अतिरिक्त साधनों में 51 प्रतिशत तथा बहुउद्देशीय साधनों से 35 प्रतिशत पाया गया। (2) दृश्य श्रव्य की विकसित पद्धति से पढ़ना प्रभावकारी पाया गया।

भट्टाचार्य (1980) ने प्राथमिक पाठशाला के विद्यार्थियों की अंकगणित में अधिगम निर्योग्यता के निदान और रोकथाम का अध्ययन किया। अध्ययन के

मुख्य उद्देश्य थे : (1) अंकगणित के दो क्षेत्र, अंकगणित उभयनिष्ठ भिन्नों तथा दशमलव भिन्नों में निर्योग्यता के विस्तृत प्रतिरूप निदान करना; (2) इन क्षेत्रों में अधिगम निर्योग्यता के विकास को रोकने के लिए शिक्षण विधि का परीक्षण करना।

शोधक ने उभयनिष्ठ भिन्नों में निदानात्मक उपकरण का विकास किया जो कि कक्षा 5वीं के 480 विद्यार्थियों पर प्रशासित किया गया तथा दशमलव भिन्नों की अवस्था में कक्षा 5वीं के 500 विद्यार्थियों को न्यादर्श रूप में लिया गया। शोध के मुख्य निष्कर्ष थे : (1) प्रायोगिक समूह की उपलब्धि सार्थक रूप से नियंत्रित समूह से ज्यादा पाई गई। (2) नियंत्रित समूह की अपेक्षा प्रायोगिक समूह में पाठ में ज्यादा समय रुचि को दर्शाया।

भट्टाचार्य (1988) ने माध्यमिक विद्यालय के विद्यार्थियों की अधिगम निर्योग्यता के विकास का बीजगणित में समीकरण योग का अन्वेषण किया। समीकरणों को व्यापक परिप्रेक्ष्यों जैसे उपयोगिता, सांस्कृतिक एवं अनुशासनिक मूल्यों में देखा गया। समीकरणों की शक्ति अप्रत्यक्ष समस्याओं के हल में होती है किंतु विद्यार्थियों ने समीकरणों के प्रयोजन एवं अर्थ को समझने तथा उनके समस्या समाधान में उपयोग करने में असफल रहें। प्रस्तुत अध्ययन इस क्षेत्र में विद्यार्थियों की पिछड़ेपन की पहचान करने तथा उसमें समाधान के सुझाव देने के लिए किया गया। अध्ययन के अग्रलिखित उद्देश्य थेः (1) बीजगणित में रेखीय समीकरण के क्षेत्र में माध्यमिक विद्यालय के विद्यार्थियों द्वारा विकसित अधिगम निर्योग्यताओं का व्यापक विश्लेषण करना। (2) प्रयोगात्मक रूप से गणित की दो विधियों की प्रभाविता की ऐसे समस्याओं के समाधान के लिए तुलना करना ताकि अधिगम निर्योग्यताओं की रोकथाम की जा सके।

प्रारंभिक अध्ययन के लिए कक्षा VIII के लिए 1000 के न्यादर्श का उपयोग किया गया। न्यादर्श दो जिलों, सात शहरों, सात गाँवों के 24 विद्यालयों से लिया गया। अंतिम न्यादर्श नैदानिक परीक्षण के पश्चात् लिया गया। जिसमें 400 प्रयोज्य थे। प्रदत्त संकलन हेतु नैदानिक परीक्षण दृश्य–श्रव्य सामग्रियों का प्रयोग किया गया। प्रदत्त विश्लेषण के लिए प्रसारण विश्लेषण एवं सह–प्रसारण विश्लेषण का उपयोग किया गया।

अध्ययन के निष्कर्ष थे : (1) विद्यार्थियों को रेखीय समीकरण के योगों को समझने में अधिक निर्योग्यताएँ विकसित कीं। (2) रेखीय समीकरण के योगों के ज्ञान की तुलना में उसके अनुप्रयोग में अधिक अधिगम नियोग्यता पाई गई। (3) रेखीय समीकरण के योग के हल करने में पक्षान्तर विधि की तुलना में सरलीकृत विधि अधिक प्रभावी पाई गई।

दत्ता (1990) ने रेखागणित में विद्यार्थियों की तर्क शक्ति के निर्योग्य की पहचान और रोकथाम का अध्ययन किया। इनके अध्ययन के उद्देश्य थे: (1) निर्योग्यताओं के मुख्य प्रकारों की पहचान करना। (2) प्रयोगात्मक रूप से अध्ययन विधियों का परीक्षण करना जो अधिगम निर्योग्यता की रोकथाम करें।

प्रस्तुत अध्ययन ग्रामीण एवं शहरी क्षेत्रों के 148 विद्यार्थियों पर किया गया। प्रदत्त संकलन हेतु नैदानिक परीक्षण, सम्प्रत्यय परीक्षण और अध्यापन व्यूह रचना का उपयोग किया गया। एकत्रित प्रदत्तों का विश्लेषण प्रसरण विश्लेषण द्वारा किया गया अध्ययन के मुख्य निष्कर्ष थे : (1) प्रयोगात्मक समूह जिसे दृश्य–श्रव्य सामग्रियों एवं तकनीकों के उपयोग से पढ़ाया गया से बेहतर परिणाम प्राप्त हुए। (2) दृश्य–श्रव्य सामग्रियों द्वारा अधिगम की अवधारणा परम्परागत विधि की तुलना में अधिक समय तक पायी गयी। (3) प्रयोगात्मक समूह ने पाठों में नियंत्रित की समूह की तुलना में अधिक रुचि दर्शायी।

वसन्थी (1991) ने गणितीय अधिगम निर्योग्यता का कुछ मनोवैज्ञानिक, सामाजिक एवं शैक्षिक कारकों के सम्बन्ध में अध्ययन किया। अध्ययन के उद्देश्य थे: (1) निर्योग्यता की पहचान करना। (2) गणितीय निर्योग्यता, अधिगम निर्योग्यता एवं (अ) बुद्धि और व्यवहार समस्याओं, (ब) सामाजिक आर्थिक स्थिति एवं लिंग, (स) शैक्षिक कारकों के मध्य सम्बन्ध का अध्ययन करना था।

प्रस्तुत अध्ययन कक्षा VII के 1172 न्यादर्श के रूप में लिया। प्रस्तुत संकलन हेतु गणितीय निर्योग्यता परीक्षण, शाब्दिक बुद्धि परीक्षण हेतु चटर्जी का गैरभाषा परीक्षण का उपयोग किया गया। आइंजक के व्यक्तित्व परीक्षण द्वारा उनके अंतर्मुखी, बहिर्मुखी व्यक्तित्व का परीक्षण किया गया, कुप्पुस्वामी की सामाजिक आर्थिक स्थिति मापनी के उपयोग द्वारा सामाजिक आर्थिक स्थिति का मापन किया गया। प्रदत्त विश्लेषण बहुप्रसरण विश्लेषण द्वारा किया गया।

अध्ययन के मुख्य निष्कर्ष थे: (1) गणितीय अधिगम निर्योग्यता और बुद्धि के मध्य ऋणात्मक सार्थक सहसम्बन्ध पाया गया। (2) शासकीय महाविद्यालयों के बच्चों की गणितीय निर्योग्यता सबसे ज्यादा पाई गई। (3) उच्च, मध्य और निम्न सामाजिक आर्थिक स्थितियों की गणितीय निर्योग्यता में सार्थक अन्तर पाया गया।

गीथादेवी (1998) ने उपचारात्मक पैकेज़ का विकास गणितीय निर्योग्य बच्चों के अध्यापकों के लिए कर इसकी प्रभविता का आकलन किया। गणितीय निर्योग्य बच्चों के न्यादर्श का चयन कक्षा 1 से 4 तक के बच्चों में से किया गया। अध्यापकों के लिए गणितीय निर्योग्य बच्चों के अधिगम को आगे बढ़ाने हेतु उपचारात्मक पैकेज प्रभावी पाया गया।

भाषा निर्योग्यता से संबंधित शोध (Research relating to Language Disabilities)

भाषा निर्योग्यता से संबंधित चार (4) शोध अध्ययन किए गए हैं जो कालानुक्रमानुसार यहाँ दिए गए हैं :

दारार (1974) ने बालकों में श्रवणीय प्रत्यक्षणात्मक विकार का भाषा अधिगम के परिप्रेक्ष्य में अध्ययन किया। अध्ययन के उद्देश्य थेः (1) भाषा के सन्दर्भ में बच्चों में श्रवणीय प्रत्यक्षणात्मक विकारों का अध्ययन करना। (2) बालकों के श्रवणीय अनुभवों पर ध्यान केन्द्रित करना जो कि भाषा अर्जित करने की बुनियाद प्रदान करते हैं।

अध्ययन में 30 अधिगम समस्या वाले बच्चों को प्रयोगात्मक समूह तथा 30 सामान्य बच्चों को नियंत्रित समूह में लिया गया। चार मानकीकृत परीक्षण श्रवणीय विभेदीकरण वेपमैन परीक्षण, रोसनर श्रवणीय विश्लेषण परीक्षण, रॉसवेलचाल श्रवणीय सम्मिश्रण परीक्षण तथा बिने व्याकरण स्मृति परीक्षण प्रशासित किए गए। 30 बच्चों के नियंत्रित समूह को उम्र के अनुसार तीन समूह में बाँटा गया। प्रदत्तों का विश्लेषण 't' परीक्षण द्वारा किया गया।

अध्ययन के निष्कर्ष थे : (1) अधिगम निर्योग्य बालकों एवं सामान्य बालकों में चार मानकीकृत परीक्षणों के फलांकों में सार्थक अन्तर पाया गया। (2) सही वाक्य दोहराने में श्रवणीय स्मृति की तुलना में वाक्य रचना जटिलता का योगदान पाया गया।

देसाई (1986) ने कक्षा IV के भाषा में अशक्त विद्यार्थियों के मार्ग में आने वाली कठिनाइयों का अध्ययन किया। अध्ययन के मुख्य उद्देश्य थे : (1) कक्षा IV के अध्ययनरत विद्यार्थियों को उनकी भाषा अधिगम में प्रथम तीन वर्षों में आने वाले विकार का निदान तथा इन विकारों को सुधारनें हेतु उपचारात्मक कार्यक्रम बनाना।

न्यादर्श के रूप में अहमदाबाद शहर के दो नगर निगम तथा दो अशासकीय विद्यालयों के कक्षा IV के 162 विद्यार्थियों का चयन किया गया। सबसे पहले शोधक ने कक्षा III की भाषा पाठ्य पुस्तक की विषयवस्तु का विश्लेषण किया जो कि प्रत्येक पाठ के अंत में दिए गए अभ्यास में दी गई कार्य संबंधी व्याकरण को दर्शाती थी। उपलब्धि परीक्षण तैयार किया गया। उपलब्धि परीक्षण में पठन वाणी सम्प्रेषण और लेखन से संबंधित अभ्यास थे। 40 लोगों के नियंत्रित समूह को प्रयोगात्मक समूह के समानान्तर रखा गया था। कोई भी उपचारात्मक कार्यक्रम नियंत्रित समूह को नहीं दिया गया था।

अध्ययन के मुख्य निष्कर्ष थे : (1) प्राथमिक विद्यालय में प्रथम तीन वर्ष तक अध्ययन करने वाले निर्योग्य छात्रों में भाषा समझने, सही शब्द न लिखने, की तुलना में कमी पाई गई। (2) इन्हीं विद्यालय के शिक्षकों के ज्ञान की कमी अथवा निर्योग्य विद्यार्थियों को पढ़ाने में उनकी उदासीनता या अरुचि इन निर्योग्य छात्रों के गलत ढंग से पढ़ने व सीखने के कारण पाई गई।

मिश्रा (1991) ने सामान्य एवं अधिगम निर्योग्य बालकों के भाषा अर्जित करने में गृह पर्यावरण के परिवर्तियों के प्रभावों का अध्ययन किया। अध्ययन का उद्देश्य था : सामान्य एवं अधिगम निर्योग्य बालकों के भाषा अर्जित करने में गृह पर्यावरणीय परिवर्तियों के प्रभाव का अध्ययन करना था।

प्रस्तुत अध्ययन 26 विद्यार्थियों के न्यादर्श पर किया गया। प्रदत्त संकलन हेतु जटकुक एवं खण्डाई की गृह पर्यावरणीय प्रश्नावली तथा उड़िया व्याकरण योग्यता परीक्षण का उपयेाग किया गया। प्रदत्त विश्लेषण `t' परीक्षण एवं F परीक्षण का उपयोग कर किया गया।

अध्ययन के मुख्य निष्कर्ष थे : (1) भाषा अर्जन में माता–पिता की महत्वाकांक्षा तथा घर के पर्यावरण का प्रभाव पाया गया। (2) सामान्य बालकों में तथा निर्योग्य बालकों के घर के पर्यावरण में अंतर पाया गया। (3) घर के पर्यावरण तथा भाषा अर्जन में सम्बन्ध पाया गया। (4) माता पिता की अंतर्क्रिया तथा जन–संचार माध्यमों में सार्थक सम्बन्ध पाया गया।

स्वरूप एवं शर्मा (1993) ने संज्ञानात्मक – व्यावहारिक प्रशिक्षण का 10–14 वर्ष के अधिगम निर्योग्य की लिखित वाक्य रचना पर प्रभाव का अध्ययन किया। अध्ययन ने लेखन कार्यों एवं लेखन की मुक्त अभिव्यक्ति के अभ्यास के लिए विशिष्ट अनुदेशन, प्रतिरूपण, तथा तात्कालिक प्रतिपोष की आवश्यकता बताई।

पठन निर्योग्यता से संबंधित शोध (Research Related to Reading Disabilities)

पठन निर्योग्यता से संबंधित दो (2) शोध अध्ययन किए गए हैं जो कालानुक्रमानुसार यहाँ दिए गए हैं।

रामा (1984) ने पठन निर्योग्यता का निदानात्मक तथा उपचारात्मक अध्ययन किया। अध्ययन के प्रमुख उद्देश्य थे : (1) कन्नड़ भाषी कक्षा तीन व चार के प्रारम्भिक विद्यालय के विद्यार्थियों में पठन निर्योग्यों की पहचान करना। (2) अध्ययन के विभिन्न पक्षों के लिए आवश्यक परीक्षण का विकास करना। (3) पठन निर्योग्य बच्चों के विकासात्मक इतिहास का अध्ययन तथा पठन निर्योग्यता की

अवस्था में कन्नड़ शब्दों को पहचानने की शुद्धता तथा गति को बढ़ाने हेतु उपचारात्मक कार्यक्रम की प्रभाविता का अध्ययन करना।

न्यादर्श के रूप में 550 विद्यार्थियों को जो कक्षा II तथा IV के थे तथा जिनकी कन्नड़ प्राथमिक भाषा थी, लिया गया।

अध्ययन के मुख्य निष्कर्ष थे : (1) दृश्यिक–शाब्दिक समागम योग्यता द्वारा दूसरे दो समूहों में पठन निर्योग्यों को अलग किया गया। इस वर्ग के पाठकों की पठन त्रुटियों में कोई गुणात्मक अन्तर नहीं पाया गया। (2) उपचारात्मक कार्यक्रम पठन गति को बढ़ाने तथा शब्द पहचानने में अल्प मात्रा में प्रभावी पाया गया।

उमादेवी (1997) ने अँग्रेजी माध्यम के कक्षा छठी के पठन निर्योग्य बच्चों के पठन बोध कौशलों में सुधार के लिए निर्मित उपचारात्मक कार्यक्रम की प्रभाविता का अध्ययन किया।

उपचारात्मक कार्यक्रम के द्वारा पठन निर्योग्य बच्चों के पठन बोध कौशलों में सार्थक सकारात्मक सुधार हुआ।

अधिगम निर्योग्यता एवं मनोवैज्ञानिक कारकों से संबंधित शोध (Research Related Learning Disabilities & Psychological Factors)

अधिगम निर्योग्यता एवं मनोवैज्ञानिक कारकों से संबंधित पाँच (5) शोध अध्ययन किए गए हैं जो कालानुक्रमानुसार यहाँ दिए गए हैं।

त्रिपाठी एवं अन्य (1991) ने अधिगम निर्योग्यता : कुछ व्यावहारिक प्रकटीकरण का अध्ययन किया गया। प्रस्तुत अध्ययन के उद्देश्य थे : (1) अधिगम निर्योग्यता के लिए उपयुक्त नैदानिक परीक्षण का निर्माण करना। (2) बच्चों के मनोवैज्ञानिक कार्यत्मकता के परिवर्तनों का अध्ययन करना।

प्रस्तुत अध्ययन 1053 बच्चों के न्यादर्श पर किया गया। प्रदत्त संकलन हेतु अधिगम निर्योग्यता निर्धारण मापनी तथा ड्रा ए मैन टेस्ट, वेश्लर बुद्धि परीक्षण का भी उपयोग किया गया। वेन्डर दृश्यिक गामक गेस्टाल्ट परीक्षण, अभिभावक निर्धारण मापनी तथा उपलब्धि परीक्षण का उपयोग किया गया। प्रदत्तों का विश्लेषण 't' परीक्षण, पीयरसन सहसंबंध गुणांक तथा पथ–विश्लेषण द्वारा किया गया।

अध्ययन के मुख्य निष्कर्ष थे : (1) प्रत्यक्षणात्मक गामक व्यवहार में अधिगम निर्योग्यों एवं सामान्य बालकों में सार्थक अन्तर पाया गया। (2) उच्च गतिज व्यवहारों में भी अधिगम निर्योग्य तथा सामान्य के संज्ञानात्मक नक्शों के विकास में कोई अन्तर नहीं पाया गया। (5) लम्बाई मापन कार्यों में दोनों में सार्थक अन्तर पाया गया।

पन्डा (1998) : ने कक्षा IV के विद्यार्थियों की अधिगम निर्योग्यता की बुद्धि,

सामाजिक आर्थिक स्तर तथा आत्मविश्वास के संदर्भ में अध्ययन किया। अध्ययन के मुख्य उद्देश्य थे : (1) कक्षा VI के छात्र और छात्राओं की अधिगम निर्योग्यताओं की तुलना करना। (2) अधिगम निर्योग्यता तथा बुद्धि के बीच सम्बन्ध का अध्ययन करना। (3) अधिगम निर्योग्यता तथा सामाजिक आर्थिक स्तर के बीच सम्बन्ध का अध्ययन करना। (4) अधिगम निर्योग्यता तथा स्व–आत्मविश्वास के बीच सम्बन्ध का अध्ययन करना। (5) विभिन्न अंश के अधिगम निर्योग्य विद्यार्थियों की पहचान करना।

न्यादर्श के लिए इन्दौर शहर में अंग्रेजी माध्यम विद्यालयों का चयन किया गया। इन विद्यालयों में से केवल उन 145 विद्यार्थियों का चंयन किया गया जिनकी उपलब्धि कक्षा छटी की वार्षिक परीक्षा में 50 प्रतिशत से कम थी। इस अध्ययन में प्रदत्तों का संकलन बुद्धि अधिगम निर्योग्यता, सामाजिक आर्थिक स्तर तथा स्व–आत्मविश्वास के सन्दर्भ में मानकीकृत उपकरणों को प्रशासित कर किया गया। स्वरूप एवं मेहता का अधिगम निर्योग्यता निदानात्मक परीक्षण, रेवन्स का स्टेन्डर्ड प्रोग्रेसिव मेट्राइसेस, कुलश्रेष्ठ की सामाजिक–आर्थिक स्तर मापनी तथा भवालकर का स्व–आत्मविश्वास परीक्षण का उपयोग किया गया। अध्ययन के मुख्य निष्कर्ष थे : (1) अधिगम निर्योग्यता के सभी क्षेत्रों में लड़के तथा लड़कियों दोनों ही बराबर स्तर पर पाए गए। (2) बुद्धि तथा आकृति स्थिरता, बुद्धि तथा शून्य स्थान में स्थिति, बुद्धि तथा श्रवणीय प्रयक्षणात्मकता, बुद्धि तथा ग्रहणीय भाषा, बुद्धि एवं अभिव्यक्त भाषा तथा बुद्धि एवं अधिगम निर्योग्यता के बीच सार्थक सहसम्बन्ध पाया गया। (3) सामाजिक आर्थिक स्तर तथा आँख– हाथ समन्वय, सामाजिक आर्थिक स्तर तथा आकृति पृष्टभूमि, प्रत्यक्षणात्मकता, सामाजिक आर्थिक स्तर तथा आकृति स्थिरता, सामाजिक आर्थिक स्तर तथा ज्ञानात्मक योग्यता सामाजिक आर्थिक स्तर तथा स्मृति, सामाजिक आर्थिक स्तर तथा ग्रहणीय भाषा, सामाजिक आर्थिक स्तर तथा अधिगम निर्योग्यताओं के बीच सार्थक सहसम्बन्ध पाया गया। उच्चतम सहसम्बन्ध सामाजिक आर्थिक स्तर एवं अधिगम निर्योग्यताओं में पाया गया। (4) बुद्धि तथा विचारों की क्षमता व दृढ़ता में, बुद्धि एवं भाषा, पढ़ने की क्षमता में सार्थक सहसम्बन्ध पाया गया। (5) आत्मविश्वास और सुलभ सहयोग, संज्ञान की योग्यता, आत्मविश्वास और ग्राह्य भाषा, आत्मविश्वास और सीखने में अशक्तता में सार्थक सहसम्बन्ध पाया गया।

पटनायक (1997) : ने कक्षा VII के विद्यार्थियों की अधिगम निर्योग्यता का समायोजन तथा व्यक्तित्व के संदर्भ में अध्ययन किया। अध्ययन के मुख्य उददेश्य थे : (1) कक्षा VII के छात्र एवं छात्राओं की अधिगम नियोग्यता की तुलना करना। (2) अधिगम निर्योग्यता एवं समायोजन के बीच सम्बन्ध का अध्ययन करना।

न्यादर्श का चयन क्रमबद्ध यादृच्छिक न्यादर्श विधि द्वारा किया गया। इन्दौर शहर के अंग्रेजी माध्यम विद्यालयों के 100 विद्यार्थियों को लिया गया। इन स्कूलों में केवल उन विद्यार्थियों का चयन किया गया जिनकी कक्षा VI में वार्षिक परीक्षा में उपलब्धि 50 प्रतिशत थी। प्रदत्तों के संकलन हेतु मानकीकृत उपकरणों का उपयोग किया गया।

अध्ययन के निष्कर्ष थे: (1) छात्र तथा छात्राओं की अधिगम निर्योग्यता में कोई सार्थक अन्तर नहीं पाया गया, (2) अधिगम निर्योग्यता तथा समायोजन के मध्य सार्थक सह–सम्बन्ध नहीं पाया गया।

शर्मा (1993) ने ग्रामीण और शहरी कक्षा III, IV और V के अधिगम निर्योग्यों और गैर अधिगम निर्योग्यों की व्यक्तित्व विशेषताओं के अन्तर का परीक्षण किया। न्यादर्श रायलसीमा एवं आन्ध्रप्रदेश के चार जिलों से लिया गया। अध्ययन में माता–पिता, अध्यापकों एवं अधिगम निर्योग्य बच्चों के शैक्षणिक निष्पादन में सुधार के मध्यस्थता कार्यक्रम की प्रभाविता का अध्ययन भी किया गया।

मेहता (1994) ने अधिगम निर्योग्यता में सुधार, परा–संज्ञान के द्वारा चिन्तन व्यूह रचना विकसित कर किया। उन्होंने बताया कि कक्षा 4 में अध्ययन कर रहे अधिगम निर्योग्य बच्चे औसत बुद्धि के तथा शैक्षणिक रूप से पिछड़े थे। उनके परिणामों के विश्लेषण ने बताया कि (1) चिन्तन व्यूह रचना कार्यक्रम प्रयोज्यों के चिन्तन कौशलों में सुधार के लिए प्रभावी पाया गया, (2) परा–संज्ञान वयूह रचना के प्रशिक्षण के द्वारा भाषा एवं गणित के निष्पादन में सुधार हुआ।

प्राथमिक विद्यालयों पर किए गए शोध
(Research Conducted on Primary Schools)

प्राथमिक विद्यालय पर चार (4) किए गए शोध अध्ययन किए गए हैं जो कालानुक्रमानुसार यहाँ दिए गए हैं :

पाठक (1984) ने विद्या भवन शिक्षा महाविद्यालय, उदयपुर तथा सामान्य पाठशाला के निर्योग्य बच्चों पर शोध अध्ययन किया। अध्ययन के मुख्य उद्देश्य थे (1) सामान्य विद्यालयों में निर्योग्य बच्चों के समायोजन, व्यक्तित्व विशेषक तथा अभिलाषा का अध्ययन करना। (2) कक्षा में उनके प्राथमिक आर्थिक स्तर का अध्ययन करना।

न्यादर्श के रूप में राजस्थान के बाँसवाड़ा तथा उदयपुर जिलों के सामान्य विद्यालयों के शारीरिक निर्योग्य विद्यार्थियों को लिया गया। अंतिम न्यादर्श के रूप में शहरी तथा ग्रामीण क्षेत्रों के 32 उच्चतर माध्यमिक विद्यालयों से 79 लड़कों को लिया गया। कपूर मेहरोत्रा की व्यक्तित्व मापनी एवं सिंहा एवं सिंह समायोजन मापनी तथा व्यक्तिगत प्रदत्त रिक्तता का उपयोग किया गया।

अध्ययन के अग्र निष्कर्ष थे : (1) अधिकांश निर्योग्य बालक आर्थिक रूप से कमजोर परिवार के थे। (2) अधिकांश निर्योग्य बालक बड़े परिवार से थे, जिसमें चार से पाँच बच्चे थे। (3) कुल मिलाकर उनका समायोजन औसत था, भावात्मक समायोजन अच्छा था। (4) साधारणतः निर्योग्य बच्चों में जो भय पाया गया वह अधिगम को लेकर, शिक्षकों से असंतुष्टता को लेकर तथा अन्य गतिविधियों में भाग लेने में अक्षमता को लेकर था।

देसाई (1985) ने अहमदाबाद के प्राथमिक विद्यालयों के निर्योग्य छात्रों का अध्ययन किया। शोध के मुख्य उद्देश्य थेः (1) अहमदाबाद शहर के प्राथमिक विद्यालय के कक्षा IV के बच्चों में सामान्यतः पाई जाने वाली विभिन्न प्रकार की अधिगम निर्योग्यताओं को सुधारने हेतु उपचारों का परीक्षण करना।

न्यादर्श के रूप में नवरंगपुर क्षेत्र के तीन अशासकीय तथा नगर–निगम विद्यालय को लिया गया तथा प्रत्येक 6 विद्यालयों में से कक्षा IV को लिया गया। गुड इनफ का ड्रा ए मैन परीक्षण (पाठक द्वारा अनुकूलित) 6 कक्षाओं के 272 बच्चों पर प्रशासित किया गया।

अध्ययन के मुख्य निष्कर्ष थे : (1) सीखने में निर्योग्यता का शीर्ष कारण गरीबी पाई गई। (2) दूसरा कारण, शिक्षकों में पाठशाला के कर्त्तव्य के प्रति उदासीनता पाई गई। (3) अधिगम निर्योग्यता का तीसरा कारण गुजरात के विद्यालयों में प्रथम तथा द्वितीय स्तर से परीक्षाओं को रद्द करना था।

श्रीवास्तव एवं आफिया (1992) ने प्राथमिक विद्यालय के बच्चों में अधिगम निर्योग्यता पर लिंग, उम्र एवं धर्म के प्रभावों का अध्ययन किया। अध्ययन के उद्देश्य थे : 1. अधिगम निर्योग्य की पहचान करना, 2. पठन, लेखन, शब्दार्थ, भाषा और गणित में उनकी योग्यता का मापन करना, 3. लिंग, उम्र और धर्म के अन्तक्रिया का अधिगम निर्योग्यता के परिप्रेक्ष्य में अध्ययन करना। प्रस्तुत अध्ययन 75 लड़के एवं लड़कियों के न्यादर्श पर किया गया। ये बालक बालिकाएँ हिन्दू, मुस्लिम और इसाई थे। प्रदत्त संकलन हेतु रावेन की रंगीन मेट्राइसेस, ग्रे का मौखिक पठन परीक्षण पी बाडी चित्र शब्द भण्डार परीक्षण, कम्पास का नैदानिक अंकगणित परीक्षण, जोन्स की शब्दार्थ मापनी, ट्रूमैन ग्रे की हस्तलेखन निर्णय मापनी, विद्यालयीन अभिलेखों से लिंग, उम्र तथा धर्म का मापन किया गया।

अध्ययन के मुख्य निष्कर्ष थे : 1. उम्र का सार्थक प्रभाव पठन, भाषा, लेखन तथा शब्दार्थ की अधिगम निर्योग्यता में सार्थक अन्तर नहीं पाया गया किन्तु लिंग का लेखन निर्योग्यता पर प्रभाव पाया गया। 2. हिन्दु, मुस्लिम, ईसाई की अधिगम निर्योग्यताओं में कोई अन्तर नहीं पाया गया।

गुप्ता एवं अन्य (1996) ने शासकीय विद्यालयों की दूसरी कक्षा के अंत में

अधिगम निर्योग्यता के प्रभाव एवं प्रकृति का अध्ययन कर सुधारात्मक व्यूह रचना विकसित की। सामान्य कक्षा में, सभी पहचाने गए अधिगम निर्योग्यों ने हिन्दी, मौखिक पठन और बोध, लिखित अभिव्यक्ति और अंक गणित में न्यूनता प्रदर्शित की तथा गणितीय संक्रियाओं, क्रमण, दृश्यिक संकल्पना निर्माण, शाब्दिक, अंकिक, कालिक संबंध, और दृश्यिक श्रवण साहचर्य में न्यूनता प्रदर्शित की।

वैजयन्थी और मीरा (1997) ने प्राथमिक कक्षाओं के अधिगम निर्योग्यों की शैक्षणिक समस्याओं का अध्ययन किया। प्रस्तुत अध्ययन कोयम्बटूर के सामान्य विद्यालयों के 120 लड़कों एवं 120 लड़कियों के न्यादर्श पर किया गया। अधिगम निर्योग्य लड़कों एवं लड़कियों की समान समस्याएँ पायी गईं।

अन्य शोध

अधिगम निर्योग्यता से संबंधित अन्य ग्यारह शोध यहाँ प्रस्तुत हैं :

विश्वास (1989) : ने भौतिक विज्ञान के क्षेत्रों में अधिगम निर्योग्यता में आलोचनात्मक चिन्तन के निदान व रोकथाम का अध्ययन किया। अध्ययन के मुख्य उद्देश्य थे। (1) भौतिक विज्ञान के कुछ क्षेत्रों में निर्योग्यता के प्रकारों की पहचान करना। (2) कुछ नवाचारी अध्यापन विधियों का परीक्षण करना जो कि उपचारात्मक उपकरण के रूप में कार्य कर सकें।

प्रस्तुत अध्ययन कक्षा IX के 250 विद्यार्थियों के न्यादर्श पर किया गया प्रदत्त संकलन हेतु नैदानिक परीक्षण, बुद्धि परीक्षण तथा शैक्षणिक अभिप्रेरणा माला (भट्टाचार्य) का प्रयोग किया गया। प्रदत्त विश्लेषण हेतु F अनुपात और मानविटनी U परीक्षण का उपयोग किया गया।

अध्ययन के मुख्य निष्कर्ष थे : (1) निर्योग्यता के 23 प्रकार पहचाने गए। (2) F अनुपात, प्रसरण और वर्गों के माध्य सार्थक अन्तर पाया गया।

अग्रवाल एवं यादव (2003) ने अधिगम निर्योग्यता इसके प्रचलन, शिक्षक जागरूकता और कक्षा अभ्यास का आधार रेखा अध्ययन किया।

अध्ययन के उद्देश्य थे : (1) इलाहाबाद के ग्रामीण प्राथमिक विद्यालयों में अधिगम निर्योग्यता के प्रचलन एवं सीमा का अध्ययन करना, तथा (2) प्राथमिक विद्यालयों के शिक्षकों की अधिगम निर्योग्यता के प्रति जागरूकता का अध्ययन करना।

प्रस्तुत अध्ययन इलाहाबाद के 25 ग्रामीण प्राथमिक विद्यालयों के 8–10 उम्र समूह के 800 विद्यार्थियों एवं 50 शिक्षकों के न्यादर्श पर किया गया। प्रदत्त संकलन हेतु रावेन के रंगीन प्रोग्रेसिव मेटराइसेस, शोधकों द्वारा विकसित अधिगम निर्योग्यता मापनी तथा शिक्षक व्यवहार निरीक्षण अनुसूची का उपयोग किया

गया। शोध के निष्कर्ष थे : (1) मौखिक पठन में अवधान निर्योग्यता की तुलना में भाषा निर्योग्यता अधिक पाई गई , (2) लेखन कौशलों में अधिगम निर्योग्यता का प्रचलन एवं सीमा मौखिक कौशलों की तुलना में बहुत उच्च पाया गया, (3) 30–90 प्रतिशत शिक्षक अधिगम निर्योग्यता के प्रति उच्च जागरूक, तथा 24 प्रतिशत निम्न जागरूक पाये गए।

प्रसाद एवं श्रीवास्तव (1992) ने 5–10 उम्र के अधिगम निर्योग्यों एवं गैर अधिगम निर्योग्यों के प्रत्यक्षणात्मक गामक समस्याओं का अध्ययन किया। न्यादर्श कान्वेंट विद्यालयों, जहाँ श्रेष्ठ भौतिक सुविधाएँ उपलब्ध थीं एवं नगरपालिका के विद्यालयों, जहाँ मूलभूत संरचना अत्यंत कमज़ोर थीं से लिया गया।

अध्ययन का निष्कर्ष था कि जिन बालकों का प्रत्यक्षणात्मक कौशल कमज़ोर था वे शैक्षणिक निष्पादन में भी कमज़ोर पाये गए।

सेठिया, सिन्हा एवं शर्मा (1993) ने अतिक्रियाशील एवं गै : अतिक्रियाशील बच्चों की प्रत्यास्मरण प्रक्रिया का अध्ययन किया।

सेठिया, सिन्हा एवं सक्सेना (1994) ने आगरा के विद्यालयों में अध्ययनरत अधिगम निर्योग्य एवं गैर–अधिगम निर्योग्य की नियंत्रण प्रक्रिया अध्ययन किया। उन्होंने यह पाया कि अधिगम निर्योग्य नियंत्रण प्रक्रिया में न्यून पाये गए।

बोस (1996) ने अधिगम निर्योग्यों के उपचारात्मक कम्प्यूटर कार्यक्रम की प्रभाविता का अध्ययन किया। उपचारात्मक कम्प्यूटर कार्यक्रम द्वारा 5 प्रतिशत गणित एवं 7 प्रतिशत अँग्रज़ी के निष्पादन में सुधार पाया गया।

वेंकटशेषन एवं हेमा (1997) ने ग्रमीण क्षेत्रों के विद्यालय पूर्व के बच्चों में अधिगम निर्योग्यता की व्यापकता के अनुमान एवं सुधार का अध्ययन किया। उन्होंने बताया कि विद्यालय पूर्व के बच्चों में अधिगम निर्योग्यता के लिए सामाजिक–जनांकिकीय कारक उत्तरदायी पाये गए।

वर्मा (1998) ने अधिगम निर्योग्य बच्चों एवं गैर अधिगम निर्योग्य बच्चों की संज्ञानात्मक एवं अभिप्रेरणात्मक विशेषताओं का अध्ययन किया। अधिगम निर्योग्य बच्चे चयनात्मक अवधान, श्रवण, दृश्यिक भेद और आकृति पृष्ठभूमि प्रत्यक्षण में न्यून पाये गए।

स्वरूप एवं आहूजा (1998) ने त्रुटियों के स्व–विश्लेषण तथा स्व–दिशा में प्रशिक्षण के प्रभाव का बच्चों के मात्रात्मक चिन्तन में सुधार का अध्ययन किया। न्यादर्श का चयन मुम्बई के दो सामान्य विद्यालयों में से किया गया। स्व–दिशा में प्रशिक्षण तथा त्रुटियों के स्व–विश्लेषण से त्रुटियों में कमी आई तथा मात्रात्मक चिन्तन के निष्पादन में सुधार हुआ।

स्वरूप (1999) ने एक परा संज्ञानात्मक प्रशिक्षण कार्यक्रम मुख्य धारा के अधिगम निर्योग्य बच्चों के प्रभावी अधिगम के लिए विकसित किया। अध्ययन का मुख्य उद्देश्य अधिगम निर्योग्य सहित सभी विद्यार्थियों की सूचना के प्रभावी अर्जन, धारण एवं प्रत्यास्मरण की व्यूह रचना सीखने एवं विकसित करने में सहायता करना था।

स्वरूप एवं चोपड़ा (2002) ने अवधान भंग अतिक्रियाशील विकार वाले बच्चों के व्यवहार का अध्ययन किया। न्यादर्श का चयन मुम्बई के अँग्रेज़ी माध्यम के आठ विद्यालयों में से किया गया। 8 विद्यार्थियों का चयन केस अध्ययन हेतु किया गया। प्रदत्त संकलन हेतु साक्षात्कार, निर्धारण मापनियों एवं निरीक्षण का उपयोग किया गया। उनकी अवधान अतिक्रियाशीलता, आवेगिता, सामाजिक फूहड़पन तथा संवेगात्मकता समस्याओं का अध्ययन किया गया, इन समस्याओं का उपचार शोधकों द्वारा विकसित प्रबंध योजना द्वारा किया गया।

6

भाषा
(Language)

भाषा मानव के सम्प्रेषण का सर्वाधिक महत्त्वपूर्ण उपकरण है। मनुष्य अपने विचारों, तथ्यों, अनुभूतियों के आदान प्रदान के लिए भाषा का उपयोग करते हैं। मानव विकास में भाषा ने महती भूमिका निभाई है। हमारी शिक्षा प्रारंभ से ही भाषा पर निर्भर रही है। सीखने के लिए भाषा ज्ञान अत्यावश्यक है।

भाषा की परिभाषाएँ (Definitions of Language)

भाषा एक कूट (Code) है जहाँ संसार के बारे में विचार एवं सम्प्रेषण के लिए यथेच्छ संकेत परम्परागत पद्धति के द्वारा अभिव्यक्त किए जाते हैं। (लाही, 1988)

भाषा मानव सम्प्रेषण के लिए शाब्दिक संकेतों की एक पद्धति है (वालेस एवं मॅकलोगेन, 1979)।

भाषा के घटक (Components of Language)

भाषा–अधिगम निर्योग्यताओं के सुधार की योजनाएँ बनाते समय भाषा के विभिन्न घटकों को जानना आवश्यक होता है। तालिका में भाषा के घटकों एवं उनकी परिभाषा को दर्शाया गया है।

तालिका 6.1 भाषा के घटक

भाषा कूट	घटक	परिभाषा
विषय वस्तु	अर्थगत	शब्द–अर्थ
आकार	ध्वनि विज्ञान	ध्वनि संयोजनों के नियम
	आकारिकी	शब्दों के संगठन के नियम
	वाक्य रचना	वाक्य में शब्दों का क्रम बताने वाले नियम
उपयोग	व्यवहारिक	भाषा का कार्यात्मक उपयोग

विषयवस्तु अर्थविज्ञान (Content Semantics)

भाषा की विषयवस्तु में अर्थविज्ञान अथवा शब्दार्थ शामिल होते हैं, जिन्हें उनके कार्यो के अनुसार वर्गीकृत किया जा सकता है। लाही (1988) के अनुसार भाषा विषयवस्तु (अर्थविज्ञान) के तीन वर्ग होते हैं। एक वर्ग में वस्तुएँ शामिल होती हैं, जैसे – कार, गेंद, आम। दूसरे वर्ग में क्रियाएँ शामिल रहती हैं जैसे – फेंकना, तैरना, किक मारना। तीसरे वर्ग में वस्तुओं के मध्य संबंध बताए जाते हैं, जैसे मंजु एवं उसका कम्प्यूटर, मैं और मेरा घोड़ा।

विषयवस्तु और भाषा–अधिगम निर्योग्यताएँ (Content and Language Learning Disabilities)

विषयवस्तु समस्याओं में वस्तुओं, घटनाओं और संबंधों के एवं संकल्पनीकरण की समस्याएँ आती हैं। शब्द का चयन करते समय उनका अनुक्रिया काल ज्यादा होता है। उन्हें विशिष्ट शब्द के प्रत्यास्मरण में कठिनाई आती है। उसे बहु–अर्थ वाले शब्दों के निर्वचन में भी कठिनाई आती है। (सिडनबर्ग एवं बर्सटाइन, 1986, विंग एवं सेमेल, 1984)

आकार स्वर विज्ञान (Form Phonology)

स्वर विज्ञान नियमों की एक पद्धति है जो ध्वनियों एवं उनके संयोजनों का संचालन करती है। प्रत्येक भाषा विभिन्न स्वरों से बनी होती है। जो कि भाषा विज्ञान की लघुत्तम इकाई होते हैं। जैसे (अ) मल एवं (क) मल। अ एवं क के द्वारा अर्थ परिवर्तित हो जाते हैं।

स्वर–विज्ञान एवं भाषा अधिगम निर्योग्यताएँ (Phonology and Language Learning Disabilities)

वर्तमान में स्वरविज्ञानीय विकार एवं शैक्षणिक पठन निष्पादन में संबंधों के परीक्षण पर शोध किए जा रहे हैं। (आकेरमैन, डाइकमैन, एवं गार्डनर, 1990 होडसन नोनोमुरा एवं झाप्पिआ 1989) आकेरमैन एवं साथियों (1990) के अध्ययन ने बताया कि पठन निर्योग्यताओं वाले विद्यार्थी शब्दों का क्रम अधिक धीमी गति से उच्चारित करते हैं। डेनर (1980) ने बताया कि भाषा विकार वाले विद्यार्थियों को संगठन की समस्याएँ आती हैं।

आकार–आकारिकी (Form Morphology)

मार्फिन भाषा की लघुत्तम इकाई होती है। जो कि अर्थ सम्प्रेषित करती है। ये जड़

अथवा उपसर्ग एवं प्रत्यय हो सकते हैं। गायें दो मार्फिक से बना है गाय की संकल्पना एवं बहुवचन आकारिकीय विश्लेषण के द्वारा व्याकरणगत चिन्हों का परीक्षण भी किया जाता है। जैसे जा (रहा है)।

आकारिकी और भाषा–अधिगम निर्योग्यताएँ (Morphology and Language Learning Disabilities)

अधिगम निर्योग्य विद्यार्थियों को आकारिकी से अनेक प्रकार की समस्याएँ आती हैं विंग एवं सेमेल (1984) ने अधिगम निर्योग्यों में निम्न विशिष्ट प्रकार की कमियाँ बताई हैं।

अधिगम निर्योग्य विद्यार्थी शब्द निर्माण के नियमों को अर्जित नहीं कर पाते एवं समझ नहीं पाते। वे भाषा का कूट (Code) भी नहीं समझ पाते हैं।

आकार वाक्य रचना (Form Syntax)

वाक्य रचना से तात्पर्य है वाक्य में शब्दों का क्रम तथा क्रम निर्धारण के नियम (बास एवं वान 1988) जैसे राम जाता है विद्यालय। यहाँ वाक्य रचना के अनुसार होगा राम विद्यालय जाता है। जिन बालकों को वाक्य रचना की समस्याएँ आती हैं, उन्हें बोध एवं भाषा के उपयोग की समस्या भी होती है।

वाक्य रचना और भाषा–अधिगभ निर्योग्यताएँ (Syntax and Language Learning Disabilities)

जिन विद्यार्थियों को भाषा सीखने की निर्योग्यताएँ होती हैं उन्हें वाक्य रचना की भी समस्याएँ होती हैं। उन्हें सन्निहित वाक्यों में समस्या आती हैं।

व्यावहारिक (Pragmatics)

व्यावहारिक से तात्पर्य है भाषा का सामाजिक परिप्रेक्ष्य में उपयोग। इसमें बातचीत के नियम भी आते हैं, जैसे अभिवादन करना, प्रश्न पूछना, उत्तर देना, स्पष्टीकरण के लिए निवेदन करना भी इसके उदाहरण हैं। सामाजिक रूप से सम्प्रेषण करने के लिए वक्ता को चाहिए कि वह उसके श्रोता कौन हैं? वे पूर्व में क्या जानते हैं, इसी के आधार पर उसे उपयुक्त शब्द का चयन करना चाहिए, ताकि उसका संदेश प्रभावी रूप से सम्प्रेषित हो सके।

7

पठन निर्योग्यता
(Dyslexia)

अर्थ

यद्यपि अधिगम निर्योग्य बालकों को अधिगम के प्रत्येक क्षेत्र में कठिनाई होती है, किंतु ज्यादातर बालकों को पठन निर्योग्यता की समस्या होती है। पठन निर्योग्यता (Dyslexia) शब्द का उपयोग रूडोल्फ बर्लिन (1987) ने किया जो कि आज उन बालकों के लिए जो पढ़–लिख नहीं पाते हैं, सर्वाधिक प्रयुक्त होता है। इसके लिए प्रयुक्त होने वाले अन्य शब्द हैं गम्भीर पठन निर्योग्यता, प्राथमिक पठन निर्योग्यता तथा शब्द–अन्धता (Word-blindness)। प्रायः विद्यालय जाने वाले 10 प्रतिशत से 15 प्रतिशत तक बालकों को पढ़ने की कुछ न कुछ कठिनाई अवश्य होती है तथा 85 प्रतिशत से लगाकर 90 प्रतिशत तक अधिगम निर्योग्य बालकों को पठन निर्योग्यता की समस्या होती है। (कालुगर, एवं कोल्सन 1978)

वर्ल्ड फेडरेशन ऑफ न्यूरोलॉजी ने इसे निम्न प्रकारों से परिभाषित किया हैः

1. पठन निर्योग्यता एक विकार है, जो परम्परागत अनुदेशन, पर्याप्त बुद्धि एवं सामाजिक सांस्कृतिक अवसर के बावजूद पठन के सीखने की कठिनाई के रूप में प्रकट होती है। यह मूलभूत संज्ञानात्मक निर्योग्यताओं पर आश्रित होती है।
2. पठन निर्योग्यता बच्चों में एक विकार है, जो परम्परागत कक्षा अनुभवों में पठन, लेखन एवं शब्दार्थ कौशल अर्जित करने में असफल होते हैं।

माइकल बस्ट (1967) ने दृश्यिक एवं श्रवणीय पठन निर्योग्यता में भेद किया है।

	दृश्यिक पठन निर्योग्यता		श्रवण पठन निर्योग्यता
1	दृश्यिक विभेदीकरण की कठिनाइयाँ	1	श्रवण विभेद एवं प्रत्यक्षण की समस्याएँ

2 प्रत्यक्षण की धीमी दर	2 श्रवण विश्लेषण एवं संश्लेषण की कठिनाइयाँ
3 विपर्यय प्रवृत्तियाँ	3 शब्दों के ध्वनि के पुनः श्रवण की कठिनाइयाँ
4 पलटने की प्रवृत्ति रव एवं वर	4 श्रवण के क्रमण की समस्याएँ
5 क्रमण के दृश्यिक धारण की समस्याएँ	5 दृश्यिक कार्य के लिए प्राथमिकताएँ

6. दृश्यिक स्मृति की कमी
7. निम्न चित्रांकन एवं विस्तार की कमी
8. दृश्यिक संश्लेषण एवं विश्लेषण की कमी (अंश–पूर्ण संबंध)
9. दृश्यिक एवं श्रवणीय कार्यों के निष्पादन में आंशिक अन्तर
10. श्रवणीय कार्यों के लिए वरीयता
11. दृश्यिक–गामक कार्यों जैसे : क्रीड़ा एवं खेल–कूद से कठिनाइयाँ

पठन निर्योग्य बालक की विशेषताएँ (Characteristics of Dyslexic Child)

अनेक शोधकों ने वर्षों के अध्ययन के पश्चात् निम्न निष्कर्ष प्रस्तुत किए हैं :

1. पठन निर्योग्य बालक की बुद्धि औसत अथवा औसत से अधिक होती है। उनकी शाब्दिक बुद्धि निष्पादन बुद्धि की अपेक्षा कम होती है।
2. लड़कियों की तुलना में पठन निर्योग्य लड़कों की संख्या ज्यादा होती है। यह अनुपात करीब 4:1 का होता है।
3. गम्भीर निर्योग्य पाठकों को प्रायः बोध की कठिनाइयाँ होती हैं, तथा वे दिए गए गद्यांश को समझ नहीं पाते।
4. पठन निर्योग्य बालक अपनी इच्छा से नहीं पढ़ता है, तथा वह प्रवाह से नहीं पढ़ सकता।
5. पठन निर्योग्य बालकों का आकृति पृष्ठभूमि भेद कमजोर होता है। उनकी लिखावट असमान, अनियमित एवं बेढंगी (untidus) होती है।
6. पठन निर्योग्य बालकों को बोलने की कठिनाइयाँ होती हैं। वे हकलाहट (Stutter) तुतलाहट (lisping) प्रकट करते हैं। बातचीत करना सीखने में ज्यादा समय लगाते हैं। यह कालान्तर में पठन की समस्या को ही दर्शाता है।
7. वे अतिक्रियाशील होते हैं एवं अवधान की समस्या से ग्रस्त रहते हैं। उनकी कुण्ठा का स्तर निम्न होता है। वे अक्षरों में भेद नहीं कर पाते हैं जैसे क एवं फ तथा भ एवं म, ध एवं छ, एवं ब, व।

8. पठन निर्योग्य बालकों का दृश्यिक स्मृति पद्धति अपर्याप्त होती है। इससे तात्पर्य यह है कि वे शब्द में अक्षरों के क्रम का प्रत्यास्मरण नहीं कर पाते हैं।

पठन कौशलों का विकास (Development of Reading Skills)

चल्ल (1983) ने पठन विकास के 0 से 5 तक छः सोपान बताये हैं:

सोपान 0 : पूर्वपठन (Stage 0 : Pre-reading)

प्रस्तुत सोपान जन्म से छः वर्ष तक होता है, जिसमें बालक धीरे–धीरे एवं अव्यवस्थित रूप से पठन के बारे में समझ एकत्र करता है। कुछ बालक नकल कर लिखने में कुछ ज्ञान एवं अंतर्दृष्टि विकसित करते हैं। वे अक्षरों, सामान्य संकेतों एवं सामान्य शब्दों का ज्ञान अर्जित करते हैं। इस सोपान में माता–पिता बच्चों को कहानी पढ़कर सुनाते हैं। वे पर्यावरण के साइन बोर्ड/चिन्ह (रेस्तरा, यातायात चिन्ह) इत्यादि सीखते हैं। ब्लेयर एवं रुप्ली (1990)

सोपान एक प्रारंभिक पठन अथवा निकूटन (Stage 1 : Initial Reading or Decoding)

यह अवस्था पहली से दूसरी कक्षा तक की होती है। जिसमें बालक अक्षर ध्वनि संबंध सीखता है। बच्चे पुस्तक के शब्दों को पहचानना तथा सामग्रियों को समझना सीखते हैं, प्रायः बच्चे धीरे–धीरे एक–एक शब्द को पढ़ते हैं। कुछ बच्चों को निकूटन (Decoding) कौशलों में कठिनाई आती है। ऐसा उनकी भाषा की ध्वनि विज्ञान संबंधी समस्या से होता है। (परकेट्टी, 1985) बच्चों को यह मालूम नहीं होता कि शब्दों के भाग ध्वनिग्राम (Phonemes) अक्षर, रूपग्राम (Harphemes) होते हैं। इस अवस्था में अक्षर–ध्वनि साहचर्य पर बल दिया जाता है। साथ ही चित्रों के द्वारा बालक शब्द का साहचर्य स्थापित करता है और बुनियादी दृश्य–शब्द भण्डार का निर्माण करता है।

सोपान दो : पुष्टि प्रवाहता एवं छपे से अलग करना (Stage 2 Confirmation, Fluency, and Ungluing from Print)

दूसरी से तीसरी ग्रेड में बालक प्रवाहता के साथ पठन करता है तथा 100–140 शब्द प्रति मिनट पढ़ता है । पढ़ने में उन्हें आनन्द आता है एवं उनमें पठन आदतें विकसित हो जाती हैं। इस अवस्था में बालक परिचित शब्दों को शीघ्रता से पहचान जाते हैं।

सोपान 3 : नया सीखने के लिए पठन (Stage 3 : Reading for Learning the New)

यह अवस्था ग्रेड 3 से प्रारंभ होकर 8वीं ग्रेड तक जारी रहती है। पठन का उपयोग नया ज्ञान, अनुभव, नयी अनुभूति नये विचार एवं अभिवृत्तियों के सीखने के लिए किया जाता हैं। इस अवस्था में मौन पठन (पूर्ण कहानी) किया जाता है।

सोपान 4 : बहु–दृष्टिकोण (Stage 4 : Multiple Viewpoints)

इस अवस्था में बालक माध्यमिक (High) विद्यालय में आ जाता है। यहाँ बालक पठन का उपयोग विविध प्रकार के दृष्टिकोणों का सामना करने एवं विभिन्न स्रोतों की सूचनाओं की तुलना एवं मूल्यांकन करने के लिए करता है। माध्यमिक कक्षा के विद्यार्थियों से प्रगत विषयवस्तु क्षेत्र के पूर्ण पाठ्यों को पढ़ने की अपेक्षा की जाती है। इस अवस्था में परासंज्ञानात्मक प्रक्रियाएँ पाठ्य की समझ के अनुश्रवण एवं मूल्यांकन में महत्त्वपूर्ण भूमिका निभाती हैं।

सोपान 5 : निर्माण एवं पुनर्निर्माण (Stage 5 : Construction and Reconstruction)

महाविद्यालयीन स्तर पर विद्यार्थी पुस्तकें एवं लेख विस्तार एवं गहराई से अपने प्रयोजन के लिए पढ़ते हैं। इसके द्वारा विद्यार्थी अपने स्वयं के लिए ज्ञान का निर्माण करते हैं। वे सूचनाओं का संश्लेषण करते हैं।

पठन कौशलों का आकलन (Assessment of Reading Skills)

हॉक (1984) ने निम्न प्रश्न सुझाए हैं, जिनके द्वारा पठन विकारों का निर्धारण किया जाता है :

1. विद्यार्थी के शैक्षिक अभिलेख से क्या सूचनाएँ प्राप्त होती हैं? यदि पठन परीक्षण प्रशासित किया गया हो तब मूल प्रदत्त का अवलोकन करें।
2. विद्यार्थी को क्या उपचारात्मक उपाय प्रदान किए गए?
3. क्या विशिष्ट विधियाँ एवं सामग्रियों का पूर्व में उपयोग किया गया तथा इसके परिणाम क्या रहे?
4. पूर्व के प्रगति पत्रक से क्या अन्तर्दृष्टि प्राप्त हुई?
5. क्या पूर्व में एकत्र निष्पादन प्रदत्त से कोई स्पष्ट दिखाई देता है?

निरीक्षणों, साक्षात्कारों एवं प्रश्नावलियों से

6. विद्यार्थी की पठन के बारे में वर्तमान अभिवृत्ति क्या है?

7. विद्यार्थी की वर्तमान पठन आदतें एवं रुचियाँ क्या हैं?
8. विद्यार्थी की अवधान क्षमताओं के बारें में क्या ज्ञात है?
9. पूर्व एवं वर्तमान में किन विशिष्ट प्रोत्साहनों का उपयोग घर सहित अन्य अनुदेशनात्मक विन्यासों में किया गया?
10. विद्यार्थियों द्वारा क्या पठन माँगें (Demands) रखी गईं और पठन से संबंधित गतिविधियों के अवसर प्रदान किए गए?
11. क्या विद्यार्थी की पठन न्यूनता के लिए पर्यावरणीय कारक उत्तरदायी थे?
12. बालक के पढ़ने के समय के पठन व्यवहार, (शीघ्र सिर संचलन, स्थान की हानि) के बारे में क्या वर्णनात्मक कथन हैं?

विद्यमान सूचना, प्रशिक्षण एवं अनुभव से

13. विद्यार्थी की उम्र को ध्यान में रखते हुए तथा विभिन्न आकलन प्रक्रियाओं और उपकरणों की सीमाएँ जानते हुए आवश्यक सूचनाओं के एकत्र करने के लिए उपयुक्त तरीका क्या होगा?

प्रत्यक्ष आकलन से

14. पढ़ते समय पाठक क्या विशिष्ट व्यूह रचना अपनाए?
15. क्या पाठक स्व अनुश्रवण प्रक्रिया में संलग्न है ताकि वह इस बात का पता लगा सके कि पठन से अर्थ निकलता है।
16. क्या मौखिक रूप से एवं मौन पठन में बोध की सीमा में अंतर है?

औपचारिक आकलन (Formal Assessment)

मानकीकृत पठन परीक्षणों का उपयोग किया जा सकता है। एक ही उम्र के बालकों के निष्पादनों की तुलना की जा सकती है।

अंग्रेजी के कुछ परीक्षणों की सूची यहाँ प्रस्तुत है :

1. कैलिफोर्निया अचिव्हमेन्ट टेस्ट : रीडिंग (1985) यह परीक्षण शब्द विश्लेषण, शब्द भण्डार एवं बोध का आकलन करता है।
2. गेट्स मॅक्गिन्नाइट रीडिंग टेस्ट (1978) यह परीक्षण शब्द भण्डार एवं बोध का मापन करता है।
3. आयोवा टेस्ट ऑफ बेसिक स्किल (हायरोनायकस, होबर एवं लिंडक्विस्ट, 1986) यह बोध शब्द–भण्डार, शब्द– विश्लेषण एवं कार्य–अध्ययन कौशलों का आकलन करता है।

4. कौफ़मैन टेस्ट ऑफ एज्यूकेशनल अचिव्हमेन्ट (कौफमैन, एवं कौफमैन 1985) यह परीक्षण अक्षर की पहचान करता है।

नैदानिक परीक्षण (Diagnostic Test)

नैदानिक पठन परीक्षणों के द्वारा विशिष्ट पठन योग्यताओं एवं निर्योग्यताओं का व्यापक विश्लेषण एवं अधिक सुव्यवस्थित सूचनाएँ प्राप्त होती हैं। जिससे बालक के लिए शैक्षिक कार्यक्रम के नियोजन में सहायता मिलती है।

निकष सन्दर्भित परीक्षण (Criterion Referenced Test)

निकष सन्दर्भित परीक्षण के द्वारा निश्चित निकष के आधार पर निष्पादन का वर्णन किया जाता है। अध्यापक इन परीक्षणों के उपयोग से यह मालूम करता है कि विद्यार्थी ने किन विशिष्ट उद्देश्यों में पारंगतता अर्जित कर ली है, तथा विद्यार्थियों को कौन से कौशलों को पढ़ाने की आवश्यकता है।

अनौपचारिक आकलन (Informal Assessment)

अनेक अध्यापक एवं माता–पिता के पास मानकीकृत एवं नैदानिक परीक्षण खरीदने के लिए पर्याप्त पैसा नहीं होता अतः तब बालक की शक्तियों एवं कमजोरियों को मालूम करने के लिए अनौपचारिक परीक्षणों का उपयोग किया जा सकता है।

उपचारात्मक पठन विधियाँ (Remedial Reading Methods)

औसत एवं गम्भीर पठन समस्याओं के ग्रसित बच्चों के लिए अनेक उपचारात्मक विधियों का निर्माण किया गया है, यें हैं :

1. बहुसंवेदी पठन विधि,
2. संशोधित पठन विधि, और
3. तंत्रिका विज्ञानी प्रभाव विधि

बहुसंवेदी पठन विधि (Multi-Sensory Reading Method)

यह विधि इस आधार–वाक्य (Premises) पर आधारित है, कि कुछ बच्चे जब बेहतर सीखते हैं जबकि अनेक रूपात्मकताओं का उपयोग किया जावे। गतिज (संचलन) और स्पर्श उद्दीपनों का उपयोग दृश्यिक एवं श्रवण रूपात्मकताओं (Modalities) के साथ किया जाता है।

फर्नाल्ड विधि (The Fernald Method)

विद्यार्थी को सुनाई कहानी से शब्द–भण्डार का चयन किया जाता है, तथा प्रत्येक शब्द पूर्ण रूप में पढ़ाया जाता है। इस विधि के चार सोपान होते हैं :

प्रथम सोपान में विद्यार्थी सीखने वाले शब्द का चयन करता है, तब शिक्षक इसे बड़े अक्षरों में लिखता है, तब विद्यार्थी इसे अँगुली की सहायता से बनाता है। (स्पर्श–गतिज) साथ ही वह ऊँची आवाज में शब्द के प्रत्येक अंश को बोलता है। इसके अलावा वह लिखते समय शब्द को देखता है (दृश्यिक) तथा बोलते समय सुनता है (श्रवण) यह प्रक्रिया तब तक जारी रहती है जब तक कि वह सही शब्द लिखना नहीं सीख जाता है।

सोपान 2 के अंतर्गत बालक शब्द को लिखता नहीं है बल्कि अध्यापक के द्वारा नया शब्द लिखता देखकर इसे कहकर लिखता है। सोपान 3 के अंतर्गत बालक नये शब्द के छपे हुए रूप को देखकर इसे देखते हुए लिखता है अर्थात् वह सीधे छपे हुए शब्द से सीखता है, इस समय वह पुस्तक से सीधे पढ़ना सीखता है। अध्यापक उसकी जाँच करता है कि वह सीखे गए शब्द को सही प्रकार से पढ़ रहा है अथवा नहीं।

अन्ततः नये सोपान 4 में विद्यार्थी नये शब्दों को छपे शब्दों अथवा दूसरे अंशों के साथ समानता के आधार पर पहचानता है। अब वह पठन कौशलों का प्रयोग कर अपनी पठन रुचियों का विस्तार कर सकता है।

गिलिन्धम विधि (The Gillingham Method)

प्रस्तुत विधि उच्च रूप से संरचित, ध्वनि स्वरविज्ञानीरूप से उन्मुख उपागम है, जो आर्टन (1973) के सैद्धांतिक कार्य पर आश्रित है। प्रस्तुत विधि में पाँच (5) पाठ प्रति सप्ताह की औसत से दो वर्ष तक कार्यक्रम चलता है। बहुसंवेदी उपागम का उपयोग करते हुए प्रत्येक अक्षर ध्वनि को पढ़ाया जाता है। केवल एक ध्वनि के स्वर व्यंजन को अभ्यास कार्ड पर प्रस्तुत किया जाता है तथा अक्षरों को मुख्य शब्द द्वारा प्रस्तुत किया जाता है। जैसे अनार से 'अ' को।

संशोधित वर्णमाला विधि (Modified Alphabet Method)

प्रस्तुत विधि को प्रारंभिक पठन को सरल करने के लिए प्रस्तावित किया गया था। (डायनिंग, 1965) इस विधि के संशोधित वर्णमाला का उपयोग ध्वनि एवं संकेतों में संगतता के लिए किया जाता है। प्रत्येक ध्वनि के लिए एक संकेत प्रस्तुत किया जाता है, जिसके कारण संकेत एवं ध्वनि के मध्य स्पष्ट संबंध स्थापित होता है।

स्तवरभेद चिन्ह पद्धति (Diacritical Marking System)

प्रस्तुत विधि में स्वरगत चिन्हों को परम्परागत वर्णमाला के अक्षरों में जोड़ा जाता है (फ्राय, 1964)। उदाहरणार्थ लम्बे स्वरों के ऊपर एक दण्ड रेखा खींची जा सकती है। मौन अक्षरों के लिए – का उपयोग किया जा सकता है।

तंत्रिकाविज्ञानी प्रभाव विधि (Neurological Impress Method)

प्रस्तुत विधि का विकास गम्भीर पठन निर्योग्यताओं से ग्रस्त बालकों को पठन पढ़ाने के लिए किया गया था। (हेकलमैन, 1969, लेंगफोर्ड, स्लाडे एवं बार्नेट्ट 1974) इस विधि में अध्यापक एवं छात्र तीव्र गति से पठन करते हैं। यह इस सिद्धान्त पर आधारित होती है कि विद्यार्थी अपने स्वयं एवं किसी दूसरे की आवाज़ सुनकर सीख सकते हैं। विद्यार्थी अध्यापक के थोड़ा सामने बैठता है एवं उसकी आवाज़ विद्यार्थी के कान में पास से सुनाई जाती है। आवंटित समय में अधिक से अधिक पठन सामग्री पढ़ी जाती है। प्रारंभ में अध्यापक अधिक ऊँची आवाज़ में एवं तीव्र गति से पढ़ता है, तथा विद्यार्थी को तीव्र गति से पढ़ने के लिए प्रोत्साहित किया जाता है। जब विद्यार्थी तीव्र गति से पढ़ने में लग जाता है, तब अध्यापक अधिक नम्रता से तथा पूर्व की अपेक्षा धीमी गति से पढ़ना प्रारंभ कर देता है।

ग्लास विश्लेषण (Glass Analysis)

यह पठन अध्यापन की एक विधि है जिसमें अक्षर गुच्छों (Letter Clusters) का उपयोग विकूटन व्यूह रचना के रूप में किया जाता हैं। गहन श्रवण एवं दृश्यिक प्रशिक्षण के द्वारा विद्यार्थी को विशिष्ट अक्षर गुच्छ के प्रकार के प्रत्यक्षण के लिए मार्गदर्शन दिया जाता है। शब्द के अध्यापन के पाँच सोपान होते हैं : (अ) अध्यापक पूर्ण शब्द के साथ ही साथ अक्षर एवं गुच्छ की ध्वनि की पहचान करता है, (ब) अध्यापक अक्षरों को उच्चारित करता हैं एवं पूछता है कि कौन से अक्षर ध्वनि का प्रतिनिधित्व करते हैं, (स) अध्यापक अक्षर/अक्षरों को बताता है एवं विद्यार्थी से ध्वनि(यों) के लिए कहता हैं, (द) अध्यापक अक्षर(रों) को दूर ले जाता है एवं पूछता है क्या ध्वनि बची है, और (इ) अध्यापक पूछता है कि संपूर्ण शब्द क्या है।

अनुदेशनात्मक उपागम (Instructional Approach)

कार्य विश्लेषण बनाम योग्यता प्रशिक्षण (Task Analysis Versus *Ability Training)*

क्वे (1973) ने बताया कि तीन मुख्य प्रकार की अध्यापन व्यूह रचनाएँ होती हैं:

प्रथम प्रकार के अनुदेशन में अध्यापक क्षीणता प्रकिया में सुधार पर ध्यान केन्द्रित करता है। उदाहरणार्थ एक बालक समग्र / गामक प्रशिक्षण पठन में सुधार के लिए प्राप्त कर सकता है। प्रथम प्रकार को प्राथमिकतः प्रत्यक्षणात्मक–गामक सिद्धान्तियों (बार्च, 1967 केट्टी, 1971, केफार्ट, 1971) द्वारा आगे बढ़ाया गया। प्रथम प्रकार की तरह द्वितीय प्रकार में बालक के अंदर गलत प्रक्रियाओं, जो अधिगम में बाधक है, को सही करने पर केन्द्रित किया जाता है। उदाहरणार्थ बालक प्रारूप विभेदीकरण का प्रशिक्षण पठन के अंतिम व्यवहार के लिए प्राप्त कर सकता है।

तृतीय प्रकार इस नियम पर आधारित है कि बालक की अधिगम प्रक्रियाएँ अक्षत (Intact) हैं एवं उसकी कठिनाइयाँ सीमित व्यवहारिक रंगपटल (Repertoire) का परिणाम होती हैं। प्रस्तुत उपागम इस विचार पर बल देती हैं कि निर्योग्यता बालक के बाहर (अनुभव की कमी) होती हैं। इस प्रकार में प्रयुक्त अध्यापन तकनीक प्रत्यक्ष अनुदेशन होती है। बालक शब्दों की समीक्षा कर पढ़ना सीखता है। क्वे (1973) ने बताया कि व्यूह रचनाओं में अनुभाविक (Empirical) समर्थन की कमी रहती है, तथा विशिष्ट गतिविधियों एवं वांछित शैक्षिक लक्ष्यों के मध्य बन्ध (Link) स्थापित नहीं होता है। स्टीफेन्स ने बताया कि योग्यता उपागम में मुख्य मान्यताओं में से निम्न को शामिल किया जाता है:

1. विश्वसनीय एवं वैध अभिक्षमता मापक उपलब्ध रहते हैं।
2. अभिक्षमता की कमियाँ सुधारी जा सकती हैं।
3. अभिक्षमता की कमजोरियाँ आकस्मिक तौर से निष्पादन कमियों से संबंधित होती हैं।

साथ ही वे कौशल उपागम के मुख्य निम्न मान्यताएँ बताते हैं:

अ. प्रत्यक्ष कौशल अनुदेशन अनुपयुक्त अनुक्रियाओं में सुधार करती है।

ब. व्यवहार परिवर्तन इसके परिणाम का कार्य है।

स. स्थितियों के साथ विशिष्ट अनुक्रियाओं के सामान्यीकृत करने को विद्यार्थी सीख सकते हैं।

मिश्र उपागम (A Combination Approach)

स्मेड (1977) ने योग्यता प्रशिक्षण के वर्तमान रूप की गम्भीर आलोचना की। उसने प्रतिमान से संबंधित अनेक प्रश्न उठाए :

1. क्या अधिगम कौशलों का प्राकृतिक पदानुक्रमित क्रम होता है?
2. क्या सर्वाधिक प्रभावी अधिगम सावधानीपूर्वक निर्देशित लघु सोपान में अथवा भारी सामान्य अनुभव में घटित होता है?
3. क्या कार्य परिचालन से संबंधित अत्यधिक संबंध न्यायोचित, अथवा क्या बालक परिवर्तियों पर अधिक ध्यान देना चाहिए?
4. क्या अध्यापक अच्छे कार्य विश्लेषक हो सकते हैं, अथवा प्रत्येक व्यक्ति का अधिगम का दृष्टिकोण कार्य विश्लेषण प्रक्रिया को प्रभावित करता है?

स्मेड (1977) ने बताया कि न ही योग्यता प्रतिमान न ही कार्य विश्लेषण प्रतिमान अकेले संपूर्ण अध्यापन सांतत्यक (Continuem) को पूर्ण कर सकता है। तथा दोनों ही प्रतिमानों, मूल्य एवं अभिप्रेरणा जैसे कारक शामिल नहीं करते हैं। उसने दोनों प्रतिमानों के मिश्रण की आवश्यकता बताई। उसने दोनों प्रतिमानों के मिश्रण के लिए अनेक सुझाव दिए :

1. वर्तमान योग्यता उपकरण की त्रुटियों को दूर कर उनकी प्रभाविता का पुनः निर्धारण किया जाना चाहिए।
2. एक रूपात्मकता (Modality) पर केन्द्रित करने के स्थान पर अन्वेषक को रूपात्मकताओं के मध्य संबंधों का परीक्षण करना चाहिए।
3. विशिष्ट विन्यास में नयी अभिक्षमताओं की पहचान करना चाहिए, जिसकी पारिस्थितकीय वैधता हो।
4. कार्य विश्लेषण एवं योग्यता प्रशिक्षण प्रतिमानों का समन्वय किया जाना चाहिए ताकि प्रत्येक आवश्यक सूचना प्रदान कर सके। इस व्यवस्था में योग्यता प्रतिमान व्यक्तिगत भिन्नताओं के लिए सम्बद्धता प्रदान करता है, तथा कार्य विश्लेषण कौशल तन्त्र (Network) और विशिष्ट अनुदेशनात्मक उद्देश्य प्रदान करता है।
5. कक्षा के निरीक्षण योग्य व्यवहारों पर योग्यता आधारित होने के लिए प्रयास किए जाने चाहिए।
6. अध्यापकों एवं विन्यास परिवर्तन के उद्देश्यों की उपलब्धि पर प्रभाव के **अध्ययन** के परीक्षण के लिए प्रावधान किए जाने चाहिए।

7. मिश्र उपागम में अधिगमकों के अभिप्रेरणा मूल्यों एवं अभिवृत्तियों पर ध्यान देना चाहिए।

विकासात्मक पठन उपागम (Developmental Reading Approach)

विकासात्मक पठन उपागम प्रतिदिन क्रमिक अनुदेशन पर बल प्रदान करता है। ज्यादातर कार्यक्रम मानवीय प्रकारों पर आधारित हैं। प्रमुख विकासात्मक पठन उपागमों का वर्णन यहाँ किया गया है:

आधारभूत पठन उपागम (Basic Reading Approach)

ज्यादातर आधारभूत पाठक प्रत्यक्ष पठन गतिविधि प्रक्रिया की अनुशंसा पठन के अध्यापन के लिए करते हैं। इसके सोपान हैं:

1. विद्यार्थी को सामग्री सीखने के लिए प्रोत्साहित करना।
2. नयी संकल्पनाओं एवं शब्द भण्डार प्रस्तुत कर विद्यार्थियों को तैयार करना।
3. कहानी पढ़ते समय विद्यार्थी से ऐसे प्रश्न करना जो पठन के लिए लक्ष्य प्रदान करते हों।
4. कार्यपुस्तिका गतिविधियों के द्वारा सामग्री से संबंधित कौशलों को बल प्रदान करना।
5. पाठ के द्वारा अर्जित कौशलों के प्रयोग के लिए कार्य प्रदान करना।
6. पाठ की प्रभाविता का मूल्यांकन करना।

ध्वनि विज्ञान उपागम (Phonics Approach)

ध्वनि विज्ञान उपागम में अध्यापक अक्षर–ध्वनि साहचर्य की सहायता से शब्द की पहचान करवाते हैं। स्वर व्यंजन और सम्मिश्रण (Blend) सीखने के पश्चात् बालक शब्द उच्चारित करना सीखता है। अध्यापक इस हेतु संश्लेषण एवं विश्लेषण विधियों का उपयोग कर सकते हैं।

भाषाविज्ञानी उपागम (Linguistic Approach)

अनेक भाषाविज्ञानी उपागमों का उदय भाषा वैज्ञानिकों के विचारों से हुआ। वे भाषावैज्ञानिक जिनका मुख्य संबंध वाणी सम्प्रेषण से रहा है ने भाषा की प्रकृति एवं संरचना के बारे में महत्त्वपूर्ण सूचना प्रदान की। ब्लूमफिल्ड एवं बार्नहार्ट (1961) एवं फ्राइज़ (1963) ने ऐसा ढाँचा प्रदान किया, जो कि विकूटन (छपे शब्दों को शाब्दिक सम्प्रेषण में बदलने) पर बल देता है। अनेक भाषा वैज्ञानिक अधिगम

सामग्रियों में पूर्ण–शब्द उपागम का उपयोग करते हैं। शब्दों को शब्द परिवारों में पढ़ाया जाता है। पठन के प्रारंभ में उन शब्दों को प्रस्तुत किया जाता है जिनमें लघु स्वर होता है, और वे व्यंजन स्वर–व्यंजन प्रकार से बनते हैं। शब्दों का चयन समान शब्दार्थ तरीकों के आधार पर किया जाता है।

पूर्ण भाषा उपागम (Whole Language Approach)

पूर्ण भाषा संकल्पना में विद्यार्थियों की भाषा एवं अनुभवों को उनकी पठन एवं लेखन योग्यताओं के बढ़ाने के लिए उपयोग किया जाता है। (गुडमैन, 1986) पठन को अर्थोन्मुख गतिविधि के रूप में पढ़ाया जाता है । इसमें वास्तविक पठन एवं लेखन पर बल दिया जाता है।

चिएंग एवं फोर्ड (1990) ने अधिगम निर्योग्यत विद्यार्थियों के लिए निम्न मार्गदर्शिका बताई हैं।

1. विद्यार्थी के समक्ष तेज आवाज में नियमित रूप से पढ़िए।
2. प्रत्येक दिन मौन पठन के लिए कुछ मिनिट दीजिए।
3. विद्यार्थियों को आदर्श कहानियों की पूर्वकथनीय (Predictable) पुस्तकें प्रदान करना।
4. लेखन गतिविधियों को उपयोग कीजिए, जो कि अध्यापकों आदर्श लेख व्यूह रचनाओं एवं कौशलों का अवसर प्रदान करती हैं।
5. विद्यार्थियों के व्यक्ति पठन शैक्षिक कार्यक्रम के अंश के रूप में पत्रिका लेखन शामिल कीजिए।
6. अनुदेशन विन्यास में अर्थपूर्ण छपी सामग्री (सरल शब्दकोष एवं शब्दों की वर्गीकृत सूची) प्रदान कीजिए।
7. अन्य अध्यापकों से सम्प्रेषण के लिए संचारतंत्र स्थापित कीजिए।

भाषा अनुभव उपागम (Language Experience Approach)

भाषा अनुभव उपागम पठन कौशलों के विकास का एकीकरण श्रवण, बोलने एवं लेखन कौशलों से करता है। विद्यार्थी जो चिन्तन करते हैं अथवा के बारे में बात करते हैं से सामग्रियाँ निर्मित की जाती हैं।

व्यक्ति परक पठन उपागम (Individualized Reading Approach)

व्यक्तिपरक पठन उपागम में विद्यार्थी अपने स्वयं की पठन सामग्री का चयन उनकी रुचियों एवं योग्यताओं के आधार पर करते हैं, तथा अपने स्वयं की गति के अनुसार प्रगति करते हैं।

प्रत्येक पठन स्तर के लिए अनेक विषयों के लिए पुस्तकों का बड़ा संग्रह आवश्यक होता है तथा पुस्तकों का चयन करने के पश्चात् विद्यार्थी अपनी गति से पठन करते हैं एवं प्रगति का लेखा–जोखा रखते हैं। अध्यापकशब्द पहचान एवं बोध कौशलों को अध्यापन करता है। सप्ताह में एक अथवा दो बार विद्यार्थी अध्यापक से मिलते हैं तब अध्यापक उन्हें जोर से पढ़ने को कहता है और वे पठन सामग्री के बारे में चर्चा करते हैं। अध्यापक उन्हें अगले पठन सत्र के लिए पुस्तकें चयन में सहायता भी करता है।

8

लिखित अभिव्यक्ति का विकारः लेखन विकार

(Disorder of Written Expression : Dysgraphia)

लिखित भाषा सम्प्रेषण का उच्च जटिल रूप है। यह कौशल एवं आत्म अभिव्यक्ति का साधन दोनों है। इसमें दृश्यिक, गामक एवं संकल्पनात्मक योग्यताओं का एकीकरण किया जाता है, जिसके द्वारा प्रगत शैक्षणिक विषयों के ज्ञान को प्रदर्शित किया जाता है।

हम्मिल एवं मॅक्नर (1981) ने बताया कि लेखन कौशलों एवं पठन कौशलों में गहरा संबंध होता है। लेखन कौशलों में लेखन क्षमता, शब्दार्थ, विराम चिन्ह, अध्ययन, पत्र–व्यवहार, वर्णमाला को जानना एवं अक्षरों में भेद करना आते हैं।

लिखित अभिव्यक्ति सम्प्रेषण का उच्चतम रूप है, जो व्यक्ति के बोध स्तर, संकल्पना विकास एवं अमूर्तन को प्रदर्शित करता है। इससे इस बात का पता चलता है कि व्यक्ति अपने विचारों का संगठन किस प्रकार से करते हैं ताकि संदेश सम्प्रेषित किया जा सके। ज्यादातर अधिगम निर्योग्य बच्चों को लिखित अभिव्यक्ति के क्षेत्र में भी समस्याएँ आती हैं, चूंकि लिखित अभिव्यक्ति में विचारों को लिखित सम्प्रेषण के रूप में सही वाक्य रचना एवं व्याकरण के नियमों का उपयोग कर स्थानांतरित करना होता है। हॉक एवं विलिंग्स्ली (1989) ने बताया कि अधिगम निर्योग्य विद्यार्थी कम शब्द एवं वाक्य लिखते हैं, सात अक्षरों वाले कम शब्द लिखते हैं। उनकी शब्दार्थ की त्रुटियाँ ज्यादा होती हैं। हम्मिल एवं लार्सेन ने बताया कि लेखन के यांत्रिक पहलुओं (काल, बहुवचन एवं शब्दार्थ) में अधिगम निर्योग्य बच्चों को कठिनाइयाँ थीं बनिस्बत् प्रसंग परिपक्वता एवं शब्द भण्डार के।

अधिकांश अधिगम निर्योग्य विद्यार्थी लेखन कौशलों में न्यून होते हैं। तीसरी कक्षा से लगाकर 9वीं कक्षा तक के एक अध्ययन में पोपलीन ग्रे–लार्सेन , बानिकोवस्की एवं मेहरिंग (1980) ने बताया कि सामान्य विद्यार्थियों की तुलना में अधिगम निर्योग्य विद्यार्थियों ने शब्दार्थ विराम चिन्ह एवं शब्द उपयोग में सार्थक रूप से कम फलांक प्राप्त किये।

लेखन निर्योग्यता के प्रकार (Types of Dysgraphia)

लेखन विकार के निम्न दो प्रकार होते हैं :

1. लेखन अक्षमता (Agraphia) – लेखन अक्षमता के निम्न दो प्रकार होते हैं :

(अ) अर्जित (Acquired) – मस्तिष्क क्षति अथवा बीमारी के कारण पूर्व की लेखन योग्यता की हानि।

(ब) विकासात्मक (Developmental) – लिखना सीखने में अस्वाभाविक कठिनाई (आर्टेन, 1937)

2. लेखन निर्योग्यता (Dysgraphia) – अत्यंत कमजोर हस्त लेखन अथवा हस्तलेखन के लिए गामक संचलनों को निष्पादित करने की अयोग्यता (लेर्नर, 1981)। जार्डन (1977) ने लेखन विकार से संबंधित छः लक्षणों एवं व्यवहारों की पहचान की है, जो अध्यापक को अधिगम निर्योग्य विद्यार्थी की पहचान करने में सहायता करती है।

तालिका : लेखन निर्योग्यता से संबंधित लक्षणों की जाँच सूची ।

वर्णमाला संकेतों से कठिनाई

– कुछ अक्षरों एवं अंकों को कैसे लिखें यह याद नहीं कर पाता।
– कुछ अक्षरों अथवा अंकों का आकार बिगाड़ता है।
– संपूर्ण लेखन प्रयास बेढंगा एवं असमान है।
– पाण्डुलिपि को प्रभावी / घसीट (Cursive) प्रकार में बदलने में कठिनाई।
– घसीट लिपि के प्रारंभ के कई दिन बाद भी पाण्डुलिपि प्रकार से लेखन करना।
– कुछ अक्षरों अथवा अंकों को विखण्डित (Fragments) करता है।
– उसका लेख पक्षी के खुरचने (Scratching) के समान तथा वास्तविक रूप से अस्पष्ट होता है।
– बड़े (Capital) एवं छोटे अक्षरों में भेद करने में कठिनाई अनुभव करता है।

– बड़े एवं छोटे अक्षरों को मिला देता है।

दिशात्मकता (Directionality) के साथ भ्रम

– कुछ अंक, अक्षर अथवा शब्दों को दर्पण, परछाईं की तरह लिखता है।
– दर्पण की तरह लिखने का प्रयास करता है अर्थात् दायें से बायीं ओर।
– कुछ अंक अथवा अक्षर बनाते समय नीचे से ऊपर की ओर चिन्हित करता है।
– पिछड़े कुछ अंकों अथवा अक्षरों में लूप बनाते समय पिछड़ी (घड़ीनुमा) गतियों का उपयोग करता है।
– कुछ अक्षरों एवं अंकों की दिशा बदलने हेतु मिटाता है अथवा ऊपर लिखता है।
– उसका लेखन नीचे–ऊपर अथवा ऊपर–नीचे–ऊपर लड़खड़ाता है।

वाक्य संरचना

– कमजोर हस्तलेखन के बावजूद अर्थपूर्ण विषयवस्तु की रचना करता है।
– वाक्य में व्याकरण के तत्त्वों को बदलता है, किंतु अच्छा अर्थ उत्पन्न करता है।
– खण्ड के स्थान पर पूर्ण वाक्य रूप का उपयोग करता है।

सरल आकारों की नकल करने में कठिनाई

– सरल आकारों को विकृत करता है।
– कोनों को नहीं मिला पाता है।
– जहाँ रेखाएँ मिलती हैं अथवा दिशा बदलती हैं कोण बनाने का प्रयास करता है।
– स्मृति से सरल डिजाइन को बनाने में कठिनाई अनुभव करता है।
– लेखन अभ्यास के अंत में कार्य बिगाड़ता (Deteriorates) है।
– लिखते समय रेखा पर टिकने में कठिनाई अनुभव करता है।

दूरदर्शी (Telescope) की प्रवृत्ति

– शब्द लिखते समय अक्षर छोड़ देता है।
– शब्द लिखते समय ध्वनि इकाई छोड़ देता है।
– अक्षर साथ–साथ लिखता है।
– नकल करते समय शब्द मिला देता है।

दृढ़ात्मक प्रवृत्ति

- लिखित शब्दों में अनावश्यक अक्षर अथवा ध्वनि इकाई जोड़ देता है।
- लिखे शब्दों में अक्षर दुबारा लिख देता है।
- बोले शब्दों में ध्वनि इकाई दोहराता है।
- खेल अथवा संवाद को तोते की तरह दोहराता है।

वालेस एवं लार्सेन (1978) ने हस्तलेखन की सामान्य त्रुटियों की निम्न सूची दी है:

सामान्य हस्तलेखन त्रुटियाँ (Common Handwriting Errors)

	दोष	कारण
1	बहुत ज्यादा तिरछी	अ. लिखने वाला हाथ शरीर के बहुत पास हो। ब. अंगूठा ज्यादा चिपका हो । स. निप का बिन्दु अँगुलियों से ज्यादा दूर । द. पेपर की गलत दिशा ।
2	बहुत ज्यादा सीधी लिखाई	अ. शरीर से ज्यादा दूर भुजा । ब. निप के ज्यादा पास अँगुलियाँ स. अकेली तर्जनी अंगुली पेन को निर्देशित करे। द. कागज की गलत स्थिति ।
3	ज्यादा गहरा लेखन	अ. तर्जनी अंगुली को ज्यादा दबाना । ब. गलत प्रकार का पेन उपयोग करना। स. अत्यंत अल्प व्यास के पेन का उपयोग ।
4	ज्यादा हल्का लेखन	अ. ज्यादा सीधा पेन हो । ब. पेन का बिन्दु एक ओर हो । स. पेन का बहुत ज्यादा व्यास ।
5	ज्यादा कोणीय लिखाई	अ. अंगूठा ज्यादा चिपका हो। ब. पेन को ज्यादा हल्का पकड़ना । स. अत्यंत धीमा संचलन ।
6	ज्यादा अनियमित लेखन	अ. गति में स्वतंत्रता की कमी । ब. हाथ का अत्यंत धीमा संचलन । स. पेन की पकड़ । द. गलत अथवा असुविधाजनक स्थिति।
7	अत्यंत चौड़ी दूरी	अ. पेन दांयी ओर अत्यधिक तेज गति से प्रगति करता है । ब. अत्यधिक बुहारी पार्श्व संचलन

लिखित अभिव्यक्ति का आकलन (Assessment of Written Expression)

लिखित अभिव्यक्ति का आकलन निम्न दो प्रकारों से किया जा सकता है :

प्रकाशित परीक्षण

अनेक मानकीकृत उपलब्धि परीक्षण लिखित अभिव्यक्ति का कच्चा अनुमान देते हैं, ये परीक्षण हैं:

1. कैलिफोर्निया उपलब्धि परीक्षण (1985)
2. स्टेनफोर्ड उपलब्धि परीक्षण (1982)

नैदानिक परीक्षण (Diagnostic Test)

1. पिक्चर स्टोरी लेंगवेज टेस्ट (मायकल बर्स्ट, 1965)
2. सिक्वेन्सिअल टेस्ट ऑफ एज्युकेशन प्रोग्रेस : राइटिंग टेस्ट ऑफ एडोलोसेन्ट लेंग्वेज।
   (हम्मिल, ब्राउन, लार्सेन एवं विन्डरहोल्ट, 1967)
3. टेस्ट ऑफ रिटन लेंग्वेज (हम्मिल एवं ब्राउन, 1988)

अनौपचारिक आकलन (Informal Assessment)

अध्यापक विद्यार्थी के लेखन के प्रतिनिधित्वपूर्ण न्यादर्श का चयन कर उसका विश्लेषण विशिष्ट प्रकार की कमियों का पता लगाने के लिए करता है। विश्लेषित किए जाने वाले निम्न पाँच (5) मुख्य घटक होते हैं :–

अ. प्रवाहता (Fluency),
ब. वाक्य–रचना (Syntax),
स. शब्द–भण्डार (Vocabulary),
द. संरचना (Structure), और
इ. विषयवस्तु।

लिखित अभिव्यक्ति कौशलों का अध्यापन (Teaching Written Expression Skills)

ग्राहम एवं हेरिस (1988) ने अधिगम निर्योग्य विद्यार्थियों के अनुदेशन की निम्न 10 अनुशंसाएँ प्रभावी लेखन कार्यक्रम के विज्ञान के लिए दी हैं :

1. अनुदेशन लेखन के लिए समय आवंटित कीजिए।
2. विद्यार्थियों को लेखन कार्यों की व्यापक शृंखला दीजिए।

3. लेखन विकास के लिए सहायक सामाजिक वातावरण का निर्माण कीजिए।
4. लेखन का एकीकरण अन्य शैक्षणिक विषयों से कीजिए।
5. विद्यार्थियों को प्रभावी लेखन की केन्द्रीय प्रक्रियाओं के विकास के लिए सहायता कीजिए।
6. भाषा को कागज पर उतारने के लिए कौशलों को स्वचलित कीजिए।
7. अच्छे लेखन की विशेषताओं के बारे में ज्ञान प्राप्त करने के लिए विद्यार्थियों की सहायता कीजिए।
8. विद्यार्थियों को अधिक परिष्कृत सृजन प्रक्रियाओं के आगे बढ़ाने के कौशलों एवं योग्यताओं में सहायता कीजिए।
9. विद्यार्थियों को उनके लिखित उत्पाद में सुधार के लिए लक्ष्यों के विकास में सहायता कीजिए।
10. उन अनुदेशात्मक अभ्यासों से बचिए जो विद्यार्थियों के लेखन निष्पादन में सुधार न कर सके।

ग्लीएसन (1982) ने निम्न रूपरेखा विद्यार्थियों में लेखन अभिव्यक्ति के विकास के लिए बताई है :

1. विद्यार्थी को एक वस्तु दिखाइए एवं उससे उस वस्तु के विभिन्न पहलुओं का वर्णन करने को कहिए।
2. वर्णन के विस्तार को आविर्भाव के वर्गों, उपयोग एवं रंग में समूहीकृत कीजिए।
3. तब विचारों को एक क्रम में क्रमित किया जाता है, जिसमें वे लिखे जाने वाले हों।
4. विद्यार्थी अध्यापक की सहायता से प्रथम प्रारूप लिखता है।
5. विद्यार्थी के लिए प्रथम प्रारूप टंकित (Type) कीजिए तथा इसके व्याकरण एवं शब्दार्थ में सुधार कीजिए। चूंकि यहाँ हमारा केन्द्र विचारों का संगठन है न कि शब्दार्थ।
6. विद्यार्थी को अन्य सुधार करने के लिए कहिए। द्वितीय प्रारूप को टंकित कीजिए।

लिखित अभिव्यक्ति के मुख्यतः तीन क्षेत्र होते हैं, जिसमें विद्यार्थियों को समस्याएँ होती हैं : हस्तलेखन, शब्दार्थ और लिखित अभिव्यक्ति से संबंधित संकल्पनाएँ एवं अन्य तकनीकी पहलू।

हस्तलेखन (Handwriting)

हस्तलेखन पढ़ने योग्य (सुस्पष्ट) होना चाहिए। अधिगम निर्योग्य बालकों को लेखन समस्याएँ होती हैं, हस्तलेखन में कठिनाइयों के लिए अनेक कारक उत्तरदायी होते हैं जैसे गामक समस्याएँ, अक्षरों एवं शब्दों का दोषपूर्ण प्रत्यक्षण, कमजोर दृश्यिक स्मृति, कमजोर अनुदेशन, संवेगात्मक समस्याएँ एवं अभिप्रेरणा की कमी। अनेक बालक मौखिक सम्प्रेषण तो आसानी से कर लेते हैं किंतु लिखित सम्प्रेषण के समय वे परेशानी अनुभव करते हैं।

हस्तलेखन कौशलों का आकलन (Assessment of Handwriting Skills)

प्रकाशित निर्धारण मापनियाँ

यहाँ हस्तकौशलों के आकलन के कुछ परीक्षणों के नाम दिए गए हैं –

1. द् टेस्ट ऑफ लेजीबल हेन्डराइटिंग।
   लार्सेन एवं हम्मिल (1989)
2. जेन्र ब्लोजल इवेल्यूएसन स्किल (1984)।

अनौपचारिक आकलन (Informal Assessment)

कामिन्सकी एवं पोवर्स (1981) ने हस्तलेखन के अनौपचारिक निर्धारण के लिए निम्न बिन्दु बताए हैं :

1. पेन्सिल पर मृत (Dead) पकड़।
2. गलत पेन्सिल पकड़ (Grip)।
3. शरीर की बेढंगी स्थिति (पेपर के अत्यंत निकट झुका होना।)
4. अपरिपक्व पेशीय थकान के लक्षण।
5. लेखन कार्य से बचना।
6. बालक की उम्र के अनुपयुक्त पठन एवं शाब्दिक योग्यता छितरा (Sparse) लेखन।
7. कार्य की नकल करते समय आँख के पास एवं दूर के अनेक स्थायीकरण।
8. मिटाने के लिए रबर का ज्यादातर उपयोग।
9. बार–बार वर्णमाला चार्ट की ओर अक्षरों की बनावट के लिए देखना।
10. दिशा के बारे में भ्रम जैसे दर्पण लेखन।
11. स्थान का कमजोर उपयोग।
12. अक्षरों का कमजोर संयोजन तथा अस्पष्ट अक्षर।

13. विलोपन, विरामचिन्हों की कमी, पंक्ति छोड़ देना।
14. धीमी गामक गति।
15. अक्षरों को उत्पन्न करने में झिझक एवं कठिनाई।
16. श्रुत लेखन में कठिनाई।

9

सामाजिक एवं संवेगात्मक व्यवहारिक लक्षण (Social and Emotional Behavioural Characteristics)

सामाजिक समस्याओं वाला अधिगम निर्योग्य विद्यार्थी अपने सहपाठियों एवं सामाजिक स्थितियों में उचित प्रकार से व्यवहार नहीं करता है। उसे मित्र बनाने में कठिनाई आती है। उसके सामाजिक एवं संवेगात्मक व्यवहार के लक्षण यहाँ दिए गए हैं :

अतिक्रियाशीलता (Hyperactivity)

अतिक्रियाशील व्यक्ति अत्यधिक गामक गतिविधियों में संलग्न रहते हैं, और ये गतिविधियाँ प्रायः उद्देश्यहीन होती हैं। उनमें से ज्यादातर का लघु अवधान काल होता है, वे असानी से विचलित हो जाते हैं वे बेचैनीयुक्त चिड़चिड़ा एवं फूहड़ व्यवहार करते हैं। हेंकर (1976) ने बताया कि जब अधिगम निर्योग्य विद्यार्थियों को विशिष्ट संरचित कार्य करने को कहा जाता है तब वे उच्च स्तरीय गामक गतिविधियाँ करते हैं। यद्यपि जब उन्हें असंरचित स्थिति में कार्य करने को नहीं कहा जाता है तब वे उनकी गतिविधि का स्तर सामान्य बालको के समान ही होता है। अवधान न्यूनता की समस्या भी अतिक्रियाशीलता से संबंधित होती है। सिल्वा (1988) ने यह पाया कि 5 प्रतिशत से लेकर 25 प्रतिशत तक अधिगम निर्योग्य बालकों में अवधान न्यूनता एवं अतिकियाशीलता की समस्याएँ होती हैं। अवधान न्यूनता की समस्या उम्र बढ़ने के साथ कम होती जाती है। तथा किशोरावस्था तक आते–आते समाप्त हो जाती है।

अतिक्रियाशीलता की समस्या अग्र कारणों से होती है :

1. केन्द्रीय तंत्रिका पद्धति की दुष्क्रिया के कारण होती है (शेविटम्प, सिल्वर, 1988)
2. अनुवांशिक कारकों के कारण होती है। (स्टेटवार्ट, 1971)
3. जैव रासायनिक असंतुलन के कारण होती है। (सिल्वर 1971) तथा
4. पोषण के कारण होती है (फेनगोल्ड, 1977)।

अवधान भंगता (Distractability)

कुछ अधिगम निर्योग्य बालकों को किसी लक्ष्य उद्दीपक पर ध्यान केन्द्रित करने में कठिनाई आती है। ये विद्यार्थी आसानी से निरर्थक उद्दीपकों से विचलित हो जाते हैं। 25 शोध अध्ययनों के मेटा विश्लेषण में अधिगम निर्योग्य एवं सामान्य विद्यार्थियों के कक्षागत व्यवहार की तुलना की गई तब बेन्डर एवं स्मिथ ने यह पाया कि अधिगम निर्योग्य विद्यार्थी सामान्य विद्यार्थियों की तुलना में शीघ्र विचलित होते पाये गये। उनकी यह विचलनशीलता उम्र के साथ कम होती जाती है। अनेक शोध अध्ययनों में यह पाया गया कि अधिगम निर्योग्य विद्यार्थी अपने कार्य पर कम समय लगाते हैं तथा वे अपना अधिक समय गैर उत्पादक कार्यों पर लगाते हैं। (ब्रायन, 1974, ब्रायन एवं व्हीलर 1972, मेक्किन्नी, मेक्कलुरे एवं फीगन्स 1982)

आश्रितता (Dependency)

अनेक अधिगम निर्योग्य बालक अपने माता–पिता, अध्यापकों एवं अन्यों पर ज्यादा आश्रित रहते हैं। जब इन्हें कोई कार्य करना होता है तब वे कठिनाई अनुभव करते हैं, एवं दूसरे की ओर निहारते हैं। गार्डनर (1978) ने बताया कि ये बालक अत्यधिक आश्रितता प्रदर्शित करते हैं। चूंकि माता–पिता उनके लिए कार्य करते रहते हैं, यहाँ तक कि वे उन कार्यों में भी उनकी सहायता करते हैं, जो कार्य बच्चे आसानी से कर सकते हैं। शैक्षणिक असफलता के कारण भी वे दूसरों की सहायता चाहते हैं।

दृढ़ता (Perseveration)

अधिगम निर्योग्य बालक जिन्हें दृढ़ता की समस्या होती है। वे अपने किसी व्यवहार को रोक पाने में असफल होते हैं, तथा एक गतिविधि से दूसरी पर जाने पर असमर्थ होते हैं जब अधिगम निर्योग्य बालक किसी चित्र पर रंग कर रहा हो तब वह एक ही रंग सारे चित्र पर कर देता है। यदि वह समूह में क्रिकेट पर बातचीत करना प्रारंभ करता है तब वह क्रिकेट पर ही बात करता जाता है, भले

ही समूह के सदस्यों के अन्य प्रकरण पर बातचीत करना प्रांरभ कर दिया हो। कॉस (1980) ने यह बताया कि इनके इसी गुण के कारण उन्हें शैक्षणिक असफलता प्राप्त होती है एवं अंतर्वैयक्तिक संबंध बनाने में कठिनाई आती है।

कमजोर आत्म संकल्पना (Poor Self Concept)

कुछ विद्यार्थियों को अपनी योग्यताओं पर अत्यंत कम आत्मविश्वास रहता है। ब्लेर (1974) ने यह भी पाया कि सामान्य बालकों की तुलना में अल्प आत्म संकल्पना होती है ब्लेक ने यह भी पाया कि आत्म संकल्पना प्रत्यक्ष रूप से उपलब्धि से संबंधित होती है। अधिगम निर्योग्य बालक लगातार शैक्षणिक रूप से असफल होते हैं, उन्हें कुण्ठा होती है। उनमें से अधिकांश को आत्म की निम्न अनुभूति होती है, बेन्डर एवं गोल्डन (1988) तथा ब्रायन (1986) ने अधिगम निर्योग्य बालकों की आत्म संकल्पना शैक्षणिक निष्पादन के संदर्भ में ऋणात्मक होती है।

सामाजिक कौशलों की कमी (Social Skills Deficit)

ग्रेम (1988) हज़ेला एवं शुभेकर (1987) ने अधिकांश अधिगम निर्योग्य विद्यार्थियों में सामाजिक कौशलों की कमी पाई। बाम, डकेल्यर एवं गीलन (1988) ने बताया कि अधिगम निर्योग्यों के 38 प्रतिशत अध्यापको ने उन्हें सामाजिक कौशलों में न्यून पाया।

आवेगिता (Impulsivity)

अनेक अधिगम निर्योग्य बालक शीघ्रता से अपनी प्रतिकिया व्यक्त कर देते हैं। होर्गेसेन (1982) ने बताया कि अधिगम निर्योग्य विद्यार्थी आवेगीय प्रतिक्रिया वैकल्पिक संवेगात्मक व्यूहरचना की कमी के कारण करता है। एक अधिगम निर्योग्य विद्यार्थी बिना परिणामों को जाने बात करता है अथवा व्यवहार करता है। वह बहुविकल्प प्रश्न में बिना सभी विकल्प को पढ़े जो विकल्प पहले दिखाई देता है उसी पर निशान लगा देता है।

विघटनकारी व्यवहार (Disruptive Behaviour)

अधिगम निर्योग्य विद्यार्थियो की व्यवहारिक समस्याओं को अनेक विद्वानों ने दस्तावेजीकरण किया है (बेन्डर एवं गोल्डन, 1988, लेह 1987)। कुछ अधिगम निर्योग्य बालक दूसरों के प्रति विघटनकारी आक्रामक व्यवहार प्रदर्शित करते हैं। वे कुण्ठा के प्रति कम सहनशीलता प्रदर्शित करते हैं। जिसके कारण वे प्रकोप में दूसरों का नाम लेते हैं, ताना कसते हैं, गाली बकते हैं। उनका यह विघटनकारी व्यवहार सामाजिक न्यूनता की कमी के कारण भी होता है।

हट जाना (Withdrawl)

वेन्डर एवं स्मिल (1990) ने अधिगम निर्योग्य एवं सामान्य बालकों के 25 अध्ययनों के मेटा विश्लेपण से यह बताया कि अधिगम निर्योग्य बालक ज्यादा शर्मीले, हट जाने का व्यवहार प्रदर्शित करते पाये गये। उनमें सामाजिक निकासी (Withdrawl) अंतर्क्रिया में असफलता की अनुभूति अथवा शैक्षणिक असफलता के कारण होता है, अर्थात् वे सामाजिक समूहों में जाना पसंद नही करते। कुछ अधिगम निर्योग्य बच्चे तो समाज से इतने एकाकी होते हैं कि वे अपने सहपाठियों तक से सकारात्मक रूप से अंतर्क्रिया नहीं कर पाते।

सामाजिक एवं संवेगात्मक व्यवहार का आकलन (Assessment of Social and Emotional Behaviour)

हज़ेला एवं शुभेकर (1987) ने सामाजिक कौशलों के कर आकलन के लिए एक आदर्श निकष दिया है।

1. अधिगम निर्योग्य विद्यार्थियों के सामाजिक व्यवहार की कमीं के वैधीकरण पर आधारित मापक।
2. उपयुक्त वैधता एवं विश्वसनीयता के मापक।
3. विद्यालय विन्यास के उपयोगी मापक।
4. विद्यालय पूर्व से किशोरावस्था तक की उम्र के मापक।
5. सामाजिक क्षमता के लिए आवश्यक सभी सामाजिक कौशलों को व्यापक रूप से मापने वाले मापक।

न्यूनतम परिवर्तन कर इन मापकों से संवेगात्मक एवं आचरण समस्याओं का मापन भी किया जा सकता है। इनके सामाजिक एवं संवेगात्मक व्यवहार के मापन के लिए अग्र का उपयोग किया जा सकता है : सामाजिक नीति, सहपाठियों द्वारा मनोनयन, सहपाठी निर्धारण माता–पिता का निर्धारण, अध्यापक निर्धारण, साक्षात्कार, उपकरण, और आत्म प्रतिवेदन।

सहपाठी मनोनयन (Peer Nomination)

प्रस्तुत प्रक्रिया में विद्यार्थियों को अपने सहपाठियों का मनोनयन गैर व्यवहारिक (पसंद का सहपाठी जिसके साथ कार्य करेंगे, सबसे अच्छा मित्र, पसंद का खिलाड़ी जिसके साथ आप खेलेंगे।) द्वारा किया जा सकता है। सहपाठियों का मनोनयन निश्चित संख्या में एवं अनिश्चित संख्या में हो सकता है। मनोनयन को उनकी कोटि के अनुसार भार प्रदान किया एवं नहीं भी किया जा सकता है

(मेक्कोन्नेल एवं ओडम) सहपाठी का मनोनयन ऋणात्मक भी हो सकता है। जैसे किन्हें आप नापसंद करेंगे।

सहपाठी निर्धारण (Peer Rating)

सहपाठी निर्धारण में विद्यार्थी को अनेक व्यावहारिक लक्षणों पर मनोनीत अथवा निर्धारित करने को कहा जाता है। विद्यार्थी व्यावहारिक वर्णनो को सुनते एवं पढ़ते हैं तथा इन्हीं के आधार पर वे मनोनयन अथवा निर्धारण करते हैं। इसी प्रकार की एक तकनीक है, अनुमान लगाइये कौन? (Guess Who?)

समाजग्राम (Sociogram)

समाजमिति प्रश्नावली से प्राप्त अनुक्रियाओं से यह पता चलता है कि प्रत्येक विद्यार्थी का चयन कितनी बार हुआ है। इसे एक टैली पत्र (Tally Sheet) पर अंकित किया जाता है। अथवा उनका समाजग्राम निर्मित किया जाता है जिससे कक्षा की सामाजिक संरचना का दृश्यिक चित्र प्राप्त होता है।

अध्यापक निर्धारण (Teacher Ratings)

प्रायः अध्यापक निर्धारणों का उपयोग कक्षा में व्यावहारिक समस्याओं के निर्धारण के लिए किया जाता है। ये निर्धारण प्रकाशित जाँच सूचियों, मापनियों, प्रश्नावलियों द्वारा किया जाता है।

जैसे :–
1. बिहेवियर इवेल्यूएशन स्केल।
2. बिहेवियर प्राब्लम चेकलिस्ट।
3. चाइल्ड बिहेवियर रेटिंग लिस्ट।

मातापिता के निर्धारण (Parents Ratings)

विद्यार्थियों के असामान्य व्यवहारों के निर्धारण के लिए माता पिता के निर्धारणों का व्यापक रूप से उपयोग किया जाता है। (क्वे, 1983) अनुकूलनात्मक व्यवहार (रेचली एवं ग्रेशम, 1988)

साक्षात्कार उपकरण (Interview Apparatus)

सामाजिक–संवेगात्मक कारकों के बारे में सूचनाएँ प्राप्त करने के लिए साक्षात्कार उपकरण उपलब्ध हैं। विद्यालयीन मनोवैज्ञानिक, सामाजिक कार्यकर्त्ता, परामर्शदाता अथवा विशेष रूप से प्रशिक्षित अध्यापक साक्षात्कार के लिए सुव्यवस्थित प्रक्रियाओं का उपयोग करते हैं, जब वे माता–पिता अथवा अन्य अध्यापकों का साक्षात्कार लेते हैं।

आत्म प्रतिवेदन उपकरण (Self Report Apparatus)

इन उपकरणों पर विद्यार्थी अपने विशिष्ट व्यवहारों को व्यक्त करते हैं। इनसे प्राप्त सूचनाएँ विषयानिष्ठ होती हैं। इनकी वैधता विद्यार्थियों की तत्परता पर तथा उनके निर्देशों को समझने पर निर्भर रहती है।

क्यू छांट तकनीक (Q Sort Technique)

प्रस्तुत तकनीक का विकास स्टीफेन्सन (1953) ने किया। प्रस्तुत तकनीक का उपयोग आत्म–संकल्पना की पहचान के लिए किया जाता है, जिसका उपयोग व्यवहार संशोधन के क्षेत्र की पहचान के लिए किया जाता है (क्रोध, 1973) वालेस एवं लार्सेन, (1978) के अनुसार प्रस्तुत तकनीक इस सिद्धान्त पर आधारित है, कि प्रत्येक व्यक्ति का एक ''वास्तविक'' एवं ''आदर्श'' आत्म होता है जो व्यक्ति के इन दो मूल्यांकनों की असंगता का पता लगाने में सहायक होता है।

प्राकृतिक निरीक्षण (Naturalistic Observation)

व्यवहार को परिभाषित कीजिए, उसका प्राकृतिक पर्यावरण में निरीक्षण कर अंकन कीजिए तथा प्रदत्तों का विश्लेषण कीजिए। यह विद्यार्थियों के सामाजिक कौशलों एवं संबंधित व्यवहारों का वैध निर्धारण है। (इलियट, ग्रेशम एवं हेकर, 1987)

व्यवहार का निरीक्षण (Observation of Behaviour)

व्यवहार के प्रत्यक्ष सुव्यवस्थित निरीक्षण के आधार पर बालक के सामाजिक–संवेगात्मक कौशलों के बारे में सूचनाएँ एवं अंतर्दृष्टि प्रदान की जाती है। अनेक अध्यापकों को दूसरा प्रशिक्षण भी प्रदान किया जाता है।

अघ्यापक–विद्यार्थी अंतर्क्रिया का निरीक्षण

फ्लेण्डर्स (1970) ने कक्षा अन्तर्क्रिया विश्लेषण वर्ग पद्धति प्रदान की है। उसने अघ्यापक–विद्यार्थी अंतर्क्रिया को 10 वर्गों में वर्गीकृत किया है। ये वर्ग हैं अनुभूति को स्वीकार करना, प्रशंसा करना, विद्यार्थी के विचार का उपयोग करना, प्रश्न पूछना, व्याख्यान देना, आदेश देना, आलोचना अथवा औचित्य प्रतिपादन, उत्तर देना, स्वोपक्रम, विश्रान्ति अथवा भ्रम।

व्यवहार को बनाए रखने एवं सामाजिक कौशलों के विकास की तकनीक (Techniques for Maintaining Behaviour and Developing Social Skills)

अधिगम निर्योग्य विद्यार्थियों के व्यवहार एवं सामाजिक कौशलो के विकास के लिए अग्र तकनीकों का उपयोग किया जाता है :

व्यवहार संशोधन (Behaviour Modification)

प्रस्तुत तकनीक का उदय स्किनर के सक्रिय अनुबंधन के सिद्धान्त से हुआ। सक्रिय अनुबंधन के नियमों का व्यवहार संशोधन में सीधा उपयोग किया जाता है। व्यवहार संशोधन इस मान्यता पर आधारित है कि व्यवहार समस्याएँ पूर्व एवं वर्तमान पर्यावरणों का परिणाम हैं। व्यवहार संशोधन में किसी व्यक्ति के पर्यावरण में सुधार हेतु अनेक विधियों का उपयोग किया जाता है। इसमें स्वीकार करने योग्य व्यवहारों को पुनर्बलन प्रदान किया जाता है तथा अनुपयुक्त व्यवहारों हेतु पुनर्बलन प्रदान नहीं किया जाता। सक्रिय अनुबंधन के विभिन्न घटकों जैसे पुनर्बलन, समाप्ति, गढ़ना एवं उद्दीपक नियंत्रण का उपयोग व्यवहार संशोधन में किया जाता है। इनके साथ–साथ संशोधन में दंड एवं प्रतिरूपण (Modeling) का उपयोग भी किया जाता है जो कि सक्रिय अनुबंधन के तत्त्व नहीं हैं।

आकस्मिकता संविदा (Contingency Contract)

आकस्मिकता संविदा अध्यापक एवं विद्यार्थी के मध्य एक विद्यार्थी की निश्चित अपेक्षाओं (अंतिम व्यवहार) और विद्यार्थी द्वारा उन अपेक्षाओं के परिणामों के बारे में सहमति है उदाहरण के लिए अध्यापक एवं छात्र एक समझौता करते हैं कि विद्यार्थी पूरे एक सप्ताह सभी गृहकार्य 80 प्रतिशत शुद्धता के साथ प्रतिदिन पूर्ण करेगा। यदि वे ऐसी संविदा करते हैं तब उस संविदा के साथ यह भी होता है कि ऐसा सभी कार्य पूरा करने के पश्चात् वे दोनो विद्यार्थी कि रुचि के प्रकरण पर विद्यालय छूटने के पश्चात् चर्चा करेंगे। अनेक शोधकर्ताओं ने आकस्मिकता संविदा को विद्यार्थी के अध्ययन की आदतें डालने के लिए उपयोगी पाया है। ब्रुक एवं रूथारेन (1984) बाल अपराध में सुधार (रूगर, लिबरमैन, 1984 बेल्च (1985) मादक पदार्थों की आदी में सुधार (एंगर एवं क्राउले (1982) एवं क्राउले (1984)

प्रतिरूपण (Modeling)

प्रतिरूपण में विद्यार्थी दूसरे के व्यवहार का निरीक्षण एवं अनुकरण कर उपयुक्त व्यवहार करना सीखता है। जब वह निरीक्षण करता है कि उसके सहपाठी के वांछित व्यवहार को पुरस्कार मिला तब वह उसे आदर्श के रूप में देखता है अतः वह उन व्यवहारों को सीखता है जिसके सकारात्मक परिणाम हों। साथ ही वे उन व्यवहारों को करने से बचता है जिसके नकारात्मक परिणाम हों, अर्थात् दण्ड मिले।

प्रतिरूपण के लिए निम्न सोपानों का उपयोग किया जाता है :

1. व्यवहार का चयन कीजिए।

2. प्रतिमान का चयन कीजिए।
3. प्रतिमान को एवं निरीक्षक को भूमिका के बारे में निर्देश दीजिए।
4. प्रतिमान को व्यवहार प्रदर्शित करने के लिए पुनर्बलन दीजिए।
5. निरीक्षक को व्यवहार के अनुकरण के लिए पुनर्बलन दीजिए।

सहपाठी अनुशिक्षण (Peer Tutorial)

सहपाठी अनुशिक्षण के अंतर्गत समर्थ विद्यार्थी का युग्मन उस विद्यार्थी के साथ किया जाता है, जिसे किसी शैक्षणिक क्षेत्र में कठिनाई हो। सहपाठी अनुशिक्षण का उपयोग सामाजिक कौशलों में सुधार के लिए भी किया जा सकता है। यदि निर्धारण द्वारा इस बात का पता चलता है कि विद्यार्थी का कोई मित्र नहीं है अथवा सहपाठियों द्वारा स्वीकार नहीं किया जाता है तब सामाजिक अभिवृद्धि के आगे बढ़ाने के लिए सहपाठी अनुदेशन का उपयोग किया जाता है। समाजमिति के उपयोग के द्वारा अध्यापक विद्यार्थी के पसंद के अनुशिक्षक का चयन कर उसे उसकी पसंद के अनुशिक्षक के साथ युग्मन का सकता है। इस प्रकार बालक अपने आदर्श के व्यवहार का अनुकरण करेगा। अध्यापक को प्रारंभ में अनुशिक्षक विद्यार्थी को अध्यापन एवं पुनर्बलन तकनीक में प्रशिक्षण देना चाहिए।

संज्ञानात्मक व्यवहार संशोधन (Cognitive Behaviour Modification)

संज्ञानात्मक व्यवहार संशोधन में किसी कार्य के निष्पादन में प्रयुक्त चिन्तन प्रक्रियाओं का विश्लेषण किया जाता है। माइचेनबाम (1977) ने स्वअनुदेशन प्रशिक्षण को एक विधि के रूप में उपयुक्त अनुक्रिया के प्रोत्साहन के लिए किया। उसने दूसरे निम्न क्रम बताए हैं :

1. किसी अन्य व्यक्ति द्वारा (अध्यापक) अनुदेशन।
2. कार्य निष्पादन करते समय विद्यार्थी आत्म अनुदेशन देता है।
3. विद्यार्थी निष्पादन को निर्देशित करता है (निजी व्याख्यान द्वारा)।

आत्म प्रबंध अनुदेशन (Self Management Instruction)

ज्यादातर अधिगम निर्योग्यों को यह समस्या होती है कि उनमें समस्या समाधान की योग्यता नहीं होती और वे प्रभावी रूप से निर्णय नहीं ले पाते हैं, दूसरे कारण कार्य पर उनका निष्पादन प्रभावित होता है। समस्या–समाधान, अन्तवैयक्तिक संबंध, और सामान्यीकरण अधिगम से संबंधित मुद्दों को आत्म प्रबंध कौशलो के परिप्रेक्ष्य में देखा जा सकता है (शापिको 1989) आत्म प्रबंधन को मुख्य रूप से तीन घटकों में विभाजित किया जा सकता हैं आत्म अनुश्रवण, आत्म मूल्यांकन और आत्म–पुनर्बलन।

जीवन–स्थान साक्षात्कार (Life Space Interviewing)

यह एक शाब्दिक व्यूह रचना है जिसका उपयोग कक्षा में संकट का सामना करने के लिए किया जा सकता है।

मोर्से (1971) ने प्रस्तुत तकनीक के निम्न सोपान बताए हैं:

1. विशिष्ट घटना में शामिल सभी विद्यार्थियों को अपनी उपस्थिति प्रभाव बताने का ब्यौरा बिना रुकावट के दिया जाता है।
2. अध्यापक बिना अपना मत दिए सुनता है एवं प्रश्न पूछकर इस बात का पता लगाता है कि विद्यार्थी का प्रत्यक्षण कितना सही है।
3. यदि विद्यार्थी समस्या का समाधान कर पाता है तब अध्यापक उसे समस्या के समाधान के लिए एक स्वीकार करने योग्य योजना बताता है।
4. अध्यापक एवं विद्यार्थी साथ में कार्य करके भविष्य में समान समस्याओं के समाधान के लिए योजना बनाते हैं।

वास्तविकता चिकित्सा (Reality Therapy)

वास्तविकता चिकित्सा का विकास ग्लेज़र (1965) ने किया। यह एक प्रबंध विधि है, जो विद्यार्थियों को उत्तरदायित्वता से व्यवहार करने एवं वास्तविकता का सामना करने के बारे में पढ़ाती है। प्रस्तुत विधि विद्यार्थियों को समस्या का सामना करते समय पुख्ता निर्णय लेने में सहायता करती है। अध्यापक एवं विद्यार्थी संयुक्त योजना का विकास करते हैं, ताकि विद्यार्थी के उत्तरदायित्वपूर्ण व्यवहार को बढ़ा सकें। इस विधि में विद्यार्थी को अपनी योजना को क्रियान्वित करने के लिए समर्पण विकसित करने के लिए प्रोत्साहित किया जाता है। विद्यार्थी से यह अपेक्षा की जाती है कि वह अपने गैर उत्तरदायित्वपूर्ण व्यवहार के परिणामों के बोध को एवं किसी प्रकार का बहाना स्वीकार नहीं किया जाता है। इस प्रकार व्यवहार की नैतिकता पर बल दिया जाता है तथा विद्यार्थी को समस्याओं का सामना करने का सामाजिक रूप से स्वीकृत तरीका सिखाया जाता है।

सामाजिक कौशल प्रशिक्षण (Social skill Training)

शुभेकर एवं हज़ेल (1984) ने तीन प्रकार के अनुदेशनात्मक तरीके बताए हैं जिनका उपयोग सामाजिक कौशलों के अर्जित करने के लिए किया जाता है:

1. वर्णन (Description)

प्राथमिकतः यह मौखिक तकनीक है, जिसमें अध्यापक यह वर्णन करता है कि किसी कौशल को उपयुक्त रूप से कैसे निष्पादित करें।

2. प्रतिरूपण (Modeling)

सामाजिक कौशल का जीवित प्रतिमान, फिल्म, श्रव्यटेप अथवा चित्रात्मक प्रतिमान द्वारा प्रदर्शन।

3. पूर्वाभ्यास (Rehearsal)

शाब्दिक प्रतिपोष जिसके पश्चात् पूर्वाभ्यास हो ताकि विद्यार्थी को यह ज्ञात हो सके कि किन सोपानों को उसने अच्छी प्रकार से निष्पादित किया है। एवं किनमें उसे सुधार की आवश्यकता है।

10

गणितीय निर्योग्यताएँ

(Mathematical Disabilities)

अधिगम निर्योग्य बालकों को बुनियादी गणित कौशलों के निष्पादन में कठिनाई होती है। गणित कौशलों की आंशिक क्षति गणितीय निर्योग्यता (Dyscalculia) कहलाती है। गणित की निर्योग्यता दो प्रकार की होती है : (अ) गणनात्मक समस्याएँ एवं (ब) संकल्पनात्मक समस्याएँ।

गणनात्मक समस्याओं में 1. कमजोर जोड़–घटाव, गुणा एवं भाग की समस्याएँ आती हैं, 2. गणितीय नियमों का उपयोग नहीं कर पाते। संकल्पनात्मक समस्याओं में : 1. प्रश्नों की कमजोर समझ, 2. गणितीय समस्या के सार्थक एवं निरर्थक पहलुओं में भेद करने में कठिनाई, 3. विभिन्न आकारों एवं मात्राओं में भेद करने में कठिनाई, 4. अंकों की कमजोर समझ, 5. कमजोर दैशिक समझ, और 6. कमजोर समस्या समाधान आते हैं।

प्रत्यक्षणात्मक समस्याएँ (Perceptual Problems)

कालिंस्की (1967) ने यह पाया कि दैशिक सम्बन्धों की समस्याओं के कारण मात्रात्मक (Quantitative) चिन्तन से संबंधित संकल्पनाओं में भ्रम उत्पन्न होता है। उदाहरणार्थ एक बालक जो प्रथम अंतिम अथवा प्रारंभिक एवं अंतिम की समझ नहीं होती वह परिमेय (Rational) गणना के लिए तैयार नहीं होता। प्रायः यह एवं अन्य दैशिक सम्बन्ध संबंधों जैसे : शीर्ष–पेंदा, ऊपर–नीचे, के ऊपर–नीचे, पास–दूर, आगे–पीछे में बालक विद्यालय पूर्व के वर्षों में पारंगतता अर्जित कर लेता है। ब्रायन्ट एवं कास (1972) ने बताया कि दैशिक कारक मात्रात्मक चिन्तन के लिए आवश्यक होते हैं।

दिशात्मकतीय (Directionality) समस्याएँ

ये समस्याएँ दैशिक संबंधों से संबंधित होती हैं तथा ये छः दिशाओं में प्रकट होती

हैं : जैसे ऊपर–नीचे, आगे–पीछे, और दाएँ–बाएँ, उदाहरणार्थ जिस बालक को दिशात्मकतीय समस्याएँ होंगी उसे मात्रात्मक चिन्तन में कठिनाई होगी, वह अंक रेखा के उपयोग, धनात्मक एवं ऋणात्मक अंकों की समझ, एवं समीकरणों के हल में कठिनाईं अनुभव करेगा। चालफन्ट एवं शेफ्फेलिन (1969) ने बताया कि पढ़ना बाँयें से दाँयें ओर होता हैं तथा जोड़–घटाव एवं गुणा दाँयें से बाँयी ओर किए जाते हैं।

अमूर्त चिन्तन की समस्याएँ (Abstract Thinking Problems)

अमूर्त एवं सांकेतिक चिन्तन की कठिनाइयों के कारण बालक अंकों एवं वस्तुओं के मध्य संबंध स्थापित करने में कठिनाई अनुभव करता है, साथ ही ये बालक स्थान मूल्य (Place Value) एवं मापन की इकाइयों के मध्य संबंधों की समझ नहीं होती है।

स्मृति समस्याएँ (Memory Problems)

अनेक गणितीय कार्यों के लिए अच्छे स्मृति कौशलों की आवश्यकता होती है। अध्यापक अनेक बार ऐसी समस्याओं का सामना करते हैं, जबकि उनके विद्यार्थी विशिष्ट अंक अथवा उसके आकार, अथवा अंक तथ्यों, का प्रत्यास्मरण नहीं कर पाते हैं। ये बालक धीमें एवं अप्रभावी तरीके से सही उत्तर पर पहुँचते हैं। उदाहरणार्थ अध्यापक ने राम से कहा कि 8 गुणित 4 की गणना करो। तब राम निम्न प्रकार से उत्तर लिखेगा।

$$\begin{array}{r}2\\ \times 4\\ \hline 8\end{array} \quad \begin{array}{r}2\\ \times 4\\ \hline 8\end{array} \quad \begin{array}{r}2\\ \times 4\\ \hline 8\end{array} \quad \begin{array}{r}2\\ \times 4\\ \hline 8\end{array} \qquad \begin{array}{r}8\\ 8\\ 8\\ 8\\ \hline 32\end{array}$$

पठन समस्याएँ (Reading Problems)

यद्यपि अनेक बालक जिन्हें अंकगणितीय निर्योग्यता होती हैं, वे उत्कृष्ट पाठक होते हैं। किंतु गणितीय निर्योग्यता में कुछ बालकों के लिए पठन का भी योगदान रहता है। उदाहरणार्थ बालक शब्द समस्या को पढ़ नहीं पाता है, साथ ही वह गणित की कार्य पुस्तिका के निर्देशों को नहीं पढ़ पाता है।

अन्य समस्याएँ

जब भाषा समस्या के कारण अंकगणितीय निर्योग्यता होती हैं उदाहरणार्थ जिस

बालक को अंकों के दूरी (Spacing) में कठिनाई आती हों वह सीधी रेखा के अंक नहीं लिख पाता।

42
+ 18

की नकल वह निम्न प्रकार से करेगा।

42
+18

अनेक बालक अंकगणित की समस्याओं की नकल श्यामपट्ट से नहीं कर पाते हैं।

42
+ 16

के स्थान पर वे लिखते हैं

24
+ 19

अंकगणितीय त्रुटियों के प्रकार (Types of Arithmetic Errors)

राबर्ट (1988) ने चार प्रमुख प्रकार की त्रुटियों की पहचान की है, जो तीसरी कक्षा के विद्यार्थी करते हैं :

1. **गलत क्रिया (Wrong Operation)**: विद्यार्थी जोड़नें के स्थान पर घटा देता है।
2. **स्पष्ट गणनात्मक त्रुटि (Obvious Computational Error)**: बालक सही क्रिया का उपयोग करता है, किंतु बुनियादी अंक तथ्य के प्रत्यास्मरण में गलती करता है।
3. **त्रुटिपूर्ण विधि विशेष (Defective Algorithm)**: यदि बालक 24 + 16 को बिना स्थान मूल्य के जोड़ता है, तब वह इस प्रकार की त्रुटि करता है।

   वह 24+16 को 2+4+1+6 के रूप में जोड़कर उत्तर 13 बता सकता है।
4. **दैव अनुक्रियाएँ (Random Responses)**: इस प्रकार की क्रिया में समस्या समाधान प्रक्रिया एवं समस्या में कोई संबंध नहीं होता; उदाह्रणार्थ दैव अनुक्रिया में वह अनुमान (Guess) लगा कर उत्तर दे सकता हैं।

कॉक्स (1975) ने बताया कि बालक लगातार सुव्यवस्थित त्रुटि लम्बे समय तक करता जाता है। जोड़ घटाव में अनेक सामान्य त्रुटि प्रकारों की सूची यहाँ दी गई है :

1. अनुक्रिया

```
   83
+  67
 1410
```

त्रुटि प्रकार उक्त उदाहरण में इकाई एवं दहाई के योग बिना स्थान मूल्य के लिए गए हैं।

2. अनुक्रिया

```
   67
+  31
   17
```

त्रुटि प्रकार उक्त उदाहरण में सभी अंक एक साथ जोड़ लिए गए हैं।

3. अनुक्रिया

```
   21
  476
+ 851
  148
```

अंक दाँयें से बाँयी ओर जोड़े गए हैं।

4. अनुक्रिया

```
   69
+   8
  167
```

त्रुटि प्रकार : दहाई स्तम्भ में जोड़नें में, इकाई का अंक को दहाई स्तम्भ में जोड़ा गया है (नीचे के अंक का जोड़ दो बार किया गया है।)

5. अनुक्रिया

```
  628
– 586
  162
```

यहाँ छोटे अंक को बड़े अंक से घटा दिया गया है, बिना उसके स्थान के।

सामान्य कठिनाइयाँ जो अधिगम निर्योग्य विद्यार्थियों के गणितीय निष्पादन को प्रभावित करती हैं।

अधिगम कठिनाई		गणित संबंधित निष्पादन
दृश्यिक प्रत्यक्षण	आकृति–पृष्ठिभूमि	कार्यपत्र पर स्थान। एक पेज पर समस्या हल नहीं करता। बहु अंक की संख्या पढ़ने में कठिनाई।
	विभेदी करण	अंकों के भेद करने में कठिनाई (अर्थात् 6, 9, 2, 5, 17, 71)। सिक्कों, संकेतों एवं घड़ी के काँटों में भेद करने में कठिनाई।
	दैशिक	समस्या अथवा आकारों के नकल करने में कठिनाई। कागज पर सरल रेखा के साथ लिखने में कठिनाई। पहले एवं बाद की संकल्पना में कठिनाई (समय की गणना में कठिनाई)। गणित के दिशात्मक पहलुओं में कठिनाई। दशमलव गलत स्थान पर लगाता है। अंक रेखा के उपयोग में कठिनाई। धनात्मक एवं ऋणात्मक अंकों के बारे में भ्रम (दिशात्मक)।
श्रवण प्रत्यक्षण		मौखिक अभ्यास में कठिनाई। मौखिक शब्द समस्याओं में कठिनाई। किसी अंक से क्रम में गिनने में कठिनाई। बोले गए अंक अथवा शब्द को लिखने में एवं सुनने में कठिनाई।
गामक		अंकों को अस्पष्ट, धीमे एवं गलत लिखता है। छोटे स्थान में अंक लिखने में कठिनाई।

अधिगम कठिनाई		गणित संबंधित निष्पादन
स्मृति	लघु	नयी सूचना अथवा गणित के तथ्य धारण में कठिनाई। सवाल के पद भूल जाता है। संकेतों का अर्थ धारण में कठिनाई।
	दीर्घ	तथ्यों की पारंगतता के लिए धीरे–धीरे कार्य करता है। समीक्षा पाठों को कमजोरी से निष्पादित करता है। सवाल के पद भूल जाता है।
	क्रमण	समय बताने में कठिनाई। बहु पद गणना करने में सभी पदों को पूर्ण नहीं कर पाता है। बहु पद शब्द समस्याओं के हल करने में कठिनाई।
भाषा	ग्राहक	अंकगणितीय शब्दावली के अर्थ (ऋण, योज्य, भाज्य, स्थान मूल्य) में कठिनाई। बहु अर्थ वाले शब्दों के संबंध में कठिनाई।
	अभिव्यक्तात्मक	अंकगणित के शब्द भण्डार का उपयोग नहीं। मौखिक अंकगणितीय अभ्यास में कठिनाई। शब्द समस्या के हल को मौखिक रूप से रहने में कठिनाई।
पठन		गणित की शब्द समस्याओं के शब्द भण्डार को समझने में कठिनाई।
अमूर्त चिन्तन		शब्द समस्याओं के हल में कठिनाई। आकार एवं मात्रा की तुलना में कठिनाई। गणित के संकेतों को समझने में कठिनाई (>, <, X, =।) गणितीय संकल्पनाओं एवं क्रियाओं के अमूर्त स्तर को समझने में कठिनाई।
परासंज्ञान		संगणनात्मक एवं शब्द समस्याओं के हल के लिए उपयुक्त व्यूह रचना की पहचान एवं चयन की असमर्थता। समस्या समाधान प्रक्रिया के अनुश्रवण में कठिनाई। अन्य समाधानों के लिए व्यूह रचना के सामान्यीकरण की असमर्थता।

अधिगम कठिनाई		गणित संबंधित निष्पादन
सामाजिक एवं संवेगात्मक कारक	आवेगिता	गणना में लापरवाही से गलती करता है। मौखिक अभ्यास में गलत तथा शीघ्रता से अनुक्रिया करता है। जब समस्या की ओर पुनः देखने एवं सुनने को कहा जाता है। अक्सर अनुक्रियाओं सुधारता है। समस्या समाधान में विस्तार की ओर ध्यान नहीं देता है।
	लघु सोपान	प्रदत्त समय में कार्य पूर्ण नहीं करता। बहु सोपान की संगणना के करने में कठिनाई। किसी कार्य को प्रारंभ कर उसे बिना पूर्ण किए अगले कार्य को करने लग जाना।
	निष्क्रियता	संगणनात्मक समस्याओं को छोड़ देता है। शब्द समस्याओं को छोड़ देता है। अरुचि प्रदर्शित करता है। व्यूह रचना की कमी।
	आत्म सम्मान	आत्म विश्वास की कमी। आसानी से हार मान लेता है।

11

अधिगम निर्योग्यों का अध्यापन
(Teaching of Learning Disabled)

अधिगम निर्योग्यों के अध्यापन के लिए निम्न उपागमों का उपयोग किया जाता है :

1. अधिगमक–विकासात्मक उपागम,
2. विषयवस्तु विकासात्मक उपागम,
3. अनुप्रयुक्त व्यवहार विश्लेषण,
4. शैक्षणिक सामग्री उपागम,
5. मनोभाषिक उपागम, और
6. प्रत्यक्षणात्मक–गामक उपागम। इनका क्रमानुसार वर्णन यहाँ प्रस्तुत है :

अधिगमक–विकासात्मक उपागम (Learner Developmental Approach)

प्रस्तुत उपागम इस बात पर बल प्रदान करता है, कि संज्ञानात्मक अभिवृद्धि सोपानों में घटित होती है। अधिगम एक सोपन से दूसरे सोपान पर प्रगति करता है, तथा विभिन्न कार्यों के लिए वह इन अभिवृद्धियों के समानान्तर तैयारी करता है। अनुदेशन का प्रारंभ करने के लिए अधिगमक का मूल्यांकन सामान्य विकासात्मक सोपानों के विशिष्ट पदानुक्रम में किया जाता है। गेटमैन (1965) के दृश्यगामक प्रतिमान, प्याजे की विकासात्मक अवस्थाएँ, डेलाकटो (1966) का तंत्रिकीय संगठन सिद्धान्त और जॉन्सन एवं मायक्लेबस्ट (1967) का भाषा कार्यक्रम ऐसे कुछ विकासात्मक उन्मुखीकरण हैं।

बालक के संज्ञानात्मक निर्धारण होने के पश्चात् अनुदेशन न्यूनतम अविकसित सोपान से प्रारंभ होती है, तथा अगले उच्च सोपान पर जाती है। प्रस्तुत उपागम यह मानकर चलता है कि, व्यवहार विकास क्रम में होता है, तथा अधिक जटिल व्यवहार कम जटिल व्यवहारों से विकसित होते हैं। जॉन्सन मोरास्की (1977) के

अनुसार यदि व्यक्ति विकासात्मक उपागम के बुनियादी साध्य को स्वीकार करता है तब इसके अग्र अनेक लाभ होते हैं :

1. यह विभिन्न उम्र स्तरों के लिए मानकीय मानक (Nornative Standard) प्रदान करता है जिससे व्यक्ति के कार्य संपादन का सापेक्ष स्तर का आकलन किया जात. है।
2. जब किसी बालक के चरम (Critical) अधिगम सोपान के सही पहचान का आकलन होता है, तब यह उपचार के नियोजन के लिए बहुत उपयोगी होता है।
3. अनुदेशन, अनुदेशन कौशल क्रम में प्रदान की जाती है। समस्या के उपचार के लिए अगले सोपान का निर्णय लेना एक कठिन कार्य होता है तथा क्रम प्रतिमान इसे सरल कर देता है। इसकी कुछ आलोचनाएँ निम्न हैं :

अ अनेक समस्या व्यवहार का उपचार और/अथवा सुधार किया जाता है, जिसमें विकासात्मक पदानुक्रम का ध्यान नहीं रखा जाता है।

ब. विकास (परिपक्वता) एवं अनुभव की अन्तर्क्रिया की स्पष्ट व्याख्या नहीं की जाती है।

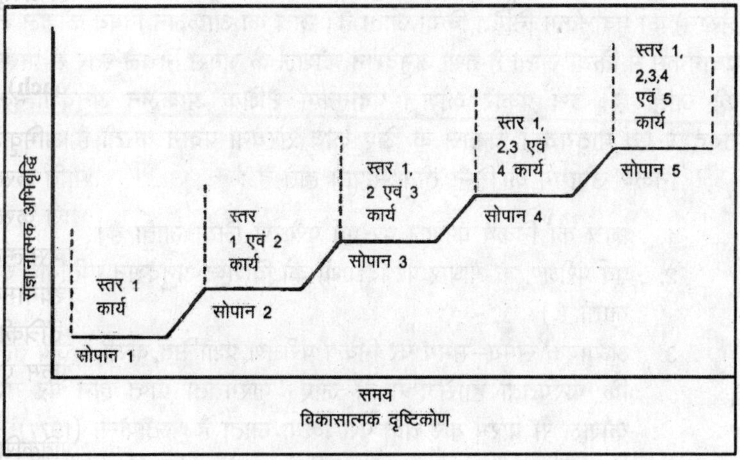

चित्र 11.1

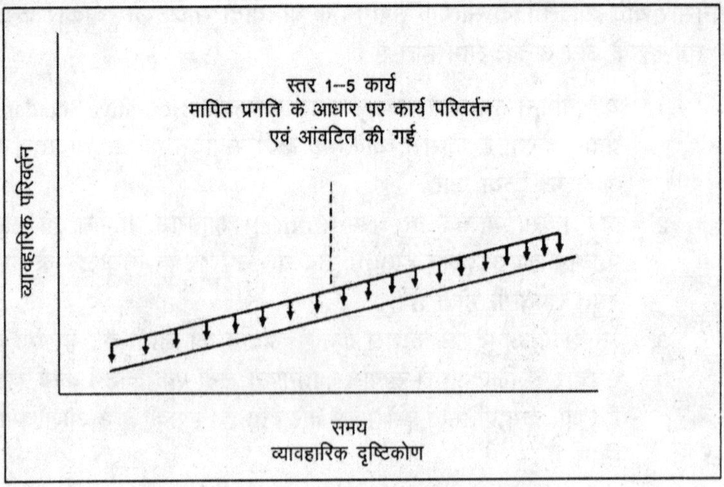

चित्र 11.2: व्यवहारिक एवं विकासात्मक स्थितियों की तुलना दोनों उपागमों में अंतर्दृष्टि प्रदान करता है।

विषयवस्तु विकासात्मक उपागम (Content Developmental Approach)

विषयवस्तु विकासात्मक उपागम में विषय क्षेत्र में कौशलों (पठन, गणित एवं लेखन) का पदानुक्रम निर्मित किया जाता है। छात्र का आकलन विषय कौशल के पदानुक्रम में किया जाता है तथा अनुदेशन कौशल के सबसे निचले स्तर से प्रारंभ की जाती है। इस प्रकार कौशल पदानुक्रम शैक्षिक आकलन अनुदेशात्मक उद्देश्य एवं पाठ्यचर्या विकास के लिए कार्य संरचना प्रदान करती है।

निकष उपागम के निम्न तीन सोपान होते हैं :

1. छात्र का निकष कौशल पर पूर्व परीक्षण लिया जाता है।
2. पूर्व परीक्षण के आधार पर विद्यार्थी को विशिष्ट अनुदेशन गतिविधि दी जाती है।
3. अध्यापक समय–समय पर निकष परीक्षण प्रशासित करते हैं जब तक कि पारंगतता हासिल न हो जाए। पारंगतता प्राप्त होने पर नए कौशल से प्रारंभ कर चक्र पूरा किया जाता है। स्टीफेन्स (1977) ने निकष आधारित अध्यापन का विस्तार से वर्णन किया है जिसमें निर्धारण सही प्रतिशत पर अधारित होता है। उन्होंने अधिगम के स्तर का पता लगाने के लिए निम्न मार्गदर्शिका सुझाई है :

1. पारंगतता (Masterds) (100 प्रतिशत सही अनुक्रियाएँ)
2. सीखी (90–99 प्रतिशत सही अनुक्रियाएँ)
3. अनुदेशनात्मक (70–89 प्रतिशत तक सही अनुक्रियाएँ)
4. कुण्ठा (Frustration) (69 प्रतिशत अथवा उससे कम सही अनुक्रियाएँ)

अनुप्रयुक्त व्यवहार विश्लेषण (Applied Behaviour Analysis)

प्रस्तुत उपागम का उपयोग विशिष्ट शिक्षा में किया जा रहा है। अधिगम निर्योग्यता के क्षेत्र में इस पर व्यापक ध्यान दिया जा रहा है। हल्लाहन एवं कौफमैन (1976) लोविट, (1975, 1976, 1977) स्टीफन्स (1977) अनुप्रयुक्त व्यवहार विश्लेषण के मुख्य घटक निम्नानुसार हैं–

अ. मापन पद्धति,
ब. सुस्पष्ट अध्यापन,
स. अधिगम नियम, और
द. अध्यापन प्रक्रियाओं का मूल्य।

मापन पद्धति (Measurement System)

हल्लाहन एवं कौफमैन (1976) ने बताया कि इसका महत्त्वपूर्ण गुण कि इसमें व्यवहार के प्रत्यक्ष, सतत एवं सुस्पष्ट मापन पर, तथा विशिष्ट शैक्षणिक एवं सामाजिक व्यवहार पर बल दिया जाता है। सतत मापन के लिए व्यवहार की गणना एवं अंकन प्रतिदिन लम्बे समय तक की जानी चाहिए। इन प्रदत्तों के आधार पर अध्यापक दैनिक अनुदेशन का निर्णय लेते हैं। सुस्पष्ट मापन के लिए निरीक्षण एवं अंकन पद्धति विश्वसनीय होनी चाहिए। विश्वसनीयता एक निश्चित समय में दो स्वतंत्र निरीक्षकों द्वारा मापे गए व्यवहार के द्वारा भी ज्ञात की जाती है। उनकी सहमति जितनी ज्यादा होगी प्रदत्त उतने ही विश्वसनीय होंगे।

सुस्पष्ट अध्यापन (Precision Teaching)

प्रारंभ में इसका विकास लिंड्स्ली (1964) ने किया। इसमें अनुशिक्षकों एवं अध्यापकों द्वारा प्रत्यक्ष सतत सुस्पष्ट मापन का उपयोग किया जाता है।

अध्यापक को चाहिए कि वह :

1. लक्ष्य व्यवहार का चयन करे।
2. एक कार्य पत्र विद्यार्थी की प्रगति के मूल्यांकन के लिए तैयार करे।

3. दैनिक प्रदत्त का ग्राफ तैयार करे। अनुदेशनात्मक अभिप्राय स्थापित कर अध्यापन करे।
4. प्रदत्त विश्लेषण का अनुदेशनात्मक निर्णय ले।

अनुप्रयुक्त व्यवहार विश्लेषण में सामान्यतः उपयोग में आने वाले अधिगम नियम

अनुप्रयुक्त व्यवहार विश्लेषण में व्यवहार संशोधन एवं सक्रिय अनुबंधन के नियम प्रयुक्त होते हैं। बुनियादी तौर पर नियम पुनर्बलन, दण्ड एवं समाप्ति पर केन्द्रित रहते हैं।

हल्लाहन एवं कौफमैन (1976) नेस्वर्थ और स्मिथ (1973) व्हाइट एवं हेरिंग (1976) और वोरेल एवं नेल्सन ने इनका विस्तार से वर्णन किया है।

अध्यापन प्रक्रियाओं का मूल्यांकन (The Evaluation of Teaching)

स्टिफेन्स (1977) ने बताया कि कक्षा अनुदेशन की प्रभाविता का मूल्यांकन करने के लिए सामान्यतः तीन अभिकल्पों का उपयोग किया जाता है : पूर्व एवं पश्च परीक्षण, विपर्यय अभिकल्प, और बहु आधार रेखा अभिकल्प।

शैक्षणिक सामग्री उपागम (Academic Materials Approaches)

अँग्रेजी भाषा में सामान्यतः विशिष्ट शिक्षा के क्षेत्र में एवं विशेषकर अधिगम निर्योग्यों की शिक्षा में पर्याप्त सामग्री उपलब्ध है। अध्यापक पठन, शब्दार्थ, लेखन एवं गणित कार्यक्रमों का चुनाव कर सकते हैं। ऐसे अनेक कार्यक्रम अध्यापकों को अनेक अनुदेशनात्मक निर्णय लेने में सहायता करते हैं। डर्किन (1947) प्रस्तुत उपागम के द्वारा यह ज्ञात हो जाता है कि क्या पढ़ाना है ? एवं कैसे पढ़ाना है? तब अध्यापक की भूमिका लिपिकीय हो जाती है। सामग्री उपागम में ज्यादा बल विषयवस्तु पर होता है।

दुर्भाग्यवश विभिन्न सामग्रियों की प्रभाविता पर अल्प शोध ही हुई है। यह अध्यापक का उत्तरदायित्व है कि वह उपयुक्त सामग्री का चयन करे। इस प्रक्रिया हेतु विद्यार्थी की प्रगति के सतत निर्धारण एवं अनुश्रवण की आवश्यकता होती है।

मनोभाषिक उपागम (Psycholinguistic Approach)

अधिगम निर्योग्यता के क्षेत्र में मनोभाषिक अध्यापन आसगुड (1957) के प्रतिमान आगत साहचर्य निर्गत पर केन्द्रित रहता है। इसके प्रतिपादक यह मानते हैं कि अपर्याप्त मनोभाषिक कौशलों (ग्रहण, साहचर्य एवं अभिव्यक्ति) के परिणामस्वरूप शैक्षणिक समस्याएँ होती हैं। उपचार में सामान्यतः उन गतिविधियों को शामिल किया जाता है, जिसमें ग्रहण (reception), साहचर्य एवं स्मृति कौशलों (श्रवणीय

एवं दृश्यिक चेनलों में) पर बल दिया जाता है। ऐसी अपेक्षा की जाती है। इन कौशलों के प्रशिक्षण से शैक्षणिक उपलब्धि में सुधार होता है।

प्रस्तुत उपागम के अनुदेशनात्मक विधियों के लिए निहितार्थ होते हैं किन्तु इसमें केवल विषयवस्तु (दृश्यिक स्मृति अभ्यास श्रवणीय ग्रहण गतिविधियों) पर बल प्रदान किया जाता है।

प्रत्यक्षणात्मक–गामक उपागम (Perceptual Motor Approach)

अनेक शिक्षाशास्त्री यह मानते हैं कि अधिगम निर्योग्य विद्यार्थियों की अधिगम समस्याएँ अपर्याप्त प्रत्यक्षणात्मक गामक कौशलों से उदित होती हैं। प्रत्यक्षणात्मक गामक कौशलों में सुधार कर उनके शैक्षणिक कौशलों में सुधार किया जा सकता है, उदाहरणार्थ गतिविधियों पर कार्य कर पठन कौशलों को सुधारा जा सकता है। प्रस्तुत उपागम पाठ्यचर्या में विषयवस्तु पर अनुदेशनात्मक विधियों की तुलना में ज्यादा बल दिया जाता है। उदाहरणार्थ – प्रत्यक्षणात्मक–गामक प्रशिक्षण में कुल गामक, परिष्कृत गामक, निकाय प्रतिबिम्ब (Body Image) एवं आँख–हाथ समन्वयों को शामिल किया जा सकता है।

12

अधिगम निर्योग्यता से संबंधित परिभाषाएँ

(Definitions Related to Learning Disability)

अतिक्रियाशीलता (Hyperactivity) : अतिक्रियाशील व्यक्ति अत्यधिक गामक गतिविधियों में संलग्न रहते हैं, और ये गतिविधियाँ प्रायः उद्‌देश्यहीन होती हैं। उनमें से ज्यादातर का लघु अक्धान काल होता है, वे आसानी से विचलित हो जाते हैं वे बेचैनीयुक्त चिड़चिड़ा एवं फूहड़ व्यवहार करते हैं

अधिगम निर्योग्यता (Learning Disability) : अधिगम निर्योग्यता एक मूल शब्द है जो एक ऐसे असमान समूह जो श्रवण, वाचन, अध्ययन, लेखन, तर्क, गणित जैसी योग्यताओं में सार्थक रूप से कठिनाई अनुभव करते हैं। ये कठिनाइयाँ किसी भी व्यक्ति की आंतरिक होती हैं, जो केन्द्रीय तंत्रिका तंत्र की विकृत क्रिया के परिणाम रूवरूप घटित होती हैं। यद्यपि अधिगम निर्योग्यता असमान परिस्थितियों (जैसे सांस्कृतिक विभिन्नता, अपर्याप्ता, अनुपयुक्त अनुदेशन, मनोवैज्ञानिक कारकों) का परिणाम हो सकती हैं, परंतु यह आवश्यक शर्त भी है कि अधिगम निर्योग्यता इन कारणों के प्रत्यक्ष प्रभाव के कारण नहीं है।

अधिगमक –विकासात्मक उपागम

(Learner Developmental Approach):

प्रस्तुत उपागम इस बात पर बल प्रदान करता है, कि संज्ञानात्मक अभिवृद्धि सोपानों मे घटित होती है। अधिगमक एक सोपान से दूसरे सोपान पर प्रगति करता है, तथा विभिन्न कार्यो के लिए वह इन अभिवृद्धियों के समानान्तर तैयारी करता है।

अल्पतंत्रिकातंत्रीय चिह्न (Slight Neurological Signs):

ऐसी अनेक सूक्ष्म (Subtle) तंत्रिकातंत्रीय अपसामान्यताएँ (Abnormalities)

सामान्य फूहड़पन (Clumsiness) भददीचाल (Tait) अथवा परिष्कृत गामक कार्यों के बारें में भ्रम का रूप ले सकती हैं।

अवधान भंगता (Distractability) : कुछ अधिगम निर्योग्य बालकों को किसी लक्ष्य उद्दीपक पर ध्यान केन्द्रित करने में कठिनाई आती है। ये विद्यार्थी आसानी से निरर्थक उद्दीपकों से विचलित हो जाते हैं।

आकस्मिकता संविदा (Contigency Contract) : अध्यापक एवं विद्यार्थी के मध्य एक विद्यार्थी की निश्चित अपेक्षाओं (अंतिम व्यवहार) और विद्यार्थी द्वारा उन अपेक्षाओं के परिणामों के बारे में सहमति है।

आकारिकी (Morphology) : मार्फिन भाषा की लघुत्तम इकाई होती है। जो कि अर्थ सम्प्रेषित करती है। ये जड़ अथवा उपसर्ग एवं प्रत्यय हो सकते हैं गायें दो मार्फिक से बना है गाय की संकल्पना एवं बहुवचन। आकारिकीय विश्लेषण के द्वारा व्याकरणगत चिन्हों का परीक्षण भी किया जाता है। जैसे जा (रहा है)।

आधारभूत पठन उपागम (Basic Reading Approach) : ज्यादातर आधारभूत पाठक प्रत्यक्ष पठन गतिविधि प्रक्रिया की अनुशंसा पठन के अध्यापन के लिए करते हैं।

आवेगिता (Impulsiveness) : बिना परिणामों को जाने व्यवहार करना।

असंगति कारक (Discrepancy) : असंगति तब होती है जबकि अनुमानित योग्यता एव शैक्षणिक निष्पादन में बहुत ज्यादा अंतर होता है।

आश्रितता (Dependency) : अनेक अधिगम निर्योग्य बालक अपने माता–पिता, अध्यापकों एवं अन्यों पर ज्यादा आश्रित रहते हैं। जब इन्हें कोई कार्य करना होता है तब वे कठिनाई अनुभव करते हैं, एवं दूसरे की ओर निहारते हैं।

गामक विकार (Motor Disorders) : अधिगम निर्योग्य विद्यार्थी फूहड़ तरीके से चलते हैं तथा वे गेंद फेंकने एवं पकड़ने में कठिनाई अनुभव करते हैं वे कैंची चलाने, बटन टांकने तथा जिप लगाने में कठिनाई अनुभव करते हैं।

ग्लास विश्लेषण (Glass Analysis) : यह पठन अध्यापन की एक विधि है जिसमें अक्षर गुच्छों (Letter Clusters) का उपयोग विकूटन व्यूह रचना के रूप में किया जाता हैं। गहन श्रवण एवं दृश्यिक प्रशिक्षण के द्वारा विद्याार्थी को विशिष्ट अक्षर गुच्छ के प्रकार के प्रत्यक्षण के लिए मार्गदर्शन दिया जाता है।

जीवन–स्थान साक्षात्कार : यह एक शाब्दिक व्यूह रचना है जिसका उपयोग कक्षा में संकट का सामना करने के लिए किया जा सकता है।

तंत्रिकाविज्ञानी प्रभाव विधि (Neurological Impress Method) : इस विधि में अध्यापक एवं छात्र तीव्र गति से पठन करते हैं। यह इस सिद्धान्त पर आध ारित होती है कि विद्यार्थी अपने स्वयं एवं किसी दूसरे की आवाज़ सुनकर सीख सकते हैं।

दृढ़ीकरण (Perseveration) : इससे तात्पर्य है कि एक गतिविधि को प्रारंभ होने के पश्चात् जारी रखना तथा उससे अलग गतिविधि पर जाने पर कठिनाई अनुभव करना।

ध्वनि विज्ञान उपागम (Phonics Approach) : ध्वनि विज्ञान उपागम में अध यापक अक्षर–ध्वनि साहचर्य की सहायता से शब्द की पहचान करवाते हैं। स्वर व्यंजन और सम्मिश्रण (Blend) सीखने के पश्चात् बालक शब्द उच्चारित करना सीखता है।

निकष सन्दर्भित परीक्षण (Criterion Referenced Test): निकष सन्दर्भित परीक्षण के द्वारा निश्चित निकष के आधार पर निष्पादन का वर्णन किया जाता है। अध्यापक इन परीक्षणों के उपयोग से यह मालूम करता है कि विद्यार्थी ने किन विशिष्ट उद्देश्यों में पारंगतता अर्जित कर ली है, तथा विद्यार्थियों को कौन से कौशलों को पढ़ाने की आवश्यकता है।

परा संज्ञानात्मक न्यूनताएँ (Meta Cognitive Deficits) : बेकर (1982), गोल्डमैन (1989), वोंग, (1982), ने बताया कि अधिगम नियोग्य व्यक्तियों में परासंज्ञानात्मक न्यूनताएँ पाईं गईं। बुनियादी तौर पर परासंज्ञान में दो घटक आते हैं :

(अ) किसी कार्य को प्रभावी रूप से करने के लिए कौशलों, व्यूह रचनाओं एवं स्रोतों की जागरूकता और (ब) आत्म नियंत्रण युक्तियों के उपयोग की योग्यता (चल रही गतिविधियों की प्रभाविता का मूल्यांकन प्रयासों के परिणामों की जाँच, कठिनाइयों को दूर करना)।

पठन निर्योग्यता (Dyslexia) : एक विकार है, जो परम्परागत अनुदेशन, पर्याप्त बुद्धि एवं सामाजिक सांस्कृतिक अवसर के बावजूद पठन के सीखने की कठिनाई के रूप में प्रकट होती है। यह मूलभूत संज्ञानात्मक निर्योग्यताओं पर आश्रित होती है।

पूर्ण भाषा उपागम (Whole Language Approach) : पूर्ण भाषा संकल्पना में विद्यार्थियों की भाषा एवं अनुभवों को उनकी पठन एवं लेखन योग्यताओं के बढ़ाने के लिए उपयोग किया जाता है।

प्रतिरूपण (Modeling) : प्रतिरूपण में विद्यार्थी दूसरे के व्यवहार का निरीक्षण एवं अनुकरण कर उपयुक्त व्यवहार करना सीखता है। जब वह निरीक्षण करता है कि उसके सहपाठी के वांछित व्यवहार को पुरस्कार मिला तब वह उसे आदर्श के रूप में देखता है अतः वह उन व्यवहारों को सीखता है जिसके सकारात्मक परिणाम हों। साथ ही वह उन व्यवहारों को करने से बचता है जिसके नकारात्मक परिणाम हों अर्थात् दण्ड मिले।

प्रत्यक्षणात्मक गामक न्यूनता (Perceptual Motor Impair-ments) : श्रवणीय एवं दृश्यिक आगत के समन्वय से संबंधित समस्याएँ जैसे शब्दों एवं अंकों की नकल करना।

प्रत्यक्षणात्मक–गामक उपागम (Perceptual Motor Approach) : अनेक शिक्षाशास्त्री यह मानते हैं कि अधिगम निर्योग्य विद्यार्थियों की अधिगम समस्याएँ अपर्याप्त प्रत्यक्षणात्मक गामक कौशलों से उदित होती हैं। प्रत्यक्षणात्मक गामक कौशलों में सुधारकर उनके शैक्षणिक कौंशलों में सुधार किया जा सकता है, उदाहरणार्थ गतिविधियों पर कार्य कर पठन कौशलों को सुधारा जा सकता है। प्रस्तुत उपागम पाठ्यचर्या में विषयवस्तु पर अनुदेशनात्मक विधियों की तुलना में ज्यादा बल दिया जाता है।

प्रत्यक्षणात्मक विकार (Perceptual Disorder) : बालक चित्र को देखने में कठिनाईं अनुभव कर सकता है । उसे आकृति पृष्ठभूमि की समस्या भी हो सकती है।

बहुसंवेदी पठन विधि (Multi Sensory Reading Method) : यह विधि इस आधार–वाक्य (Premises) पर आधारित है, कि कुछ बच्चे जब बेहतर सीखते हैं जबकि अनेक रूपात्मकताओं का उपयोग किया जावे। गतिज (संचलन) और स्पर्श उद्दीपनों का उपयोग दृश्यिक एवं श्रवण रूपात्मकताओं (Modalities) के साथ किया जाता है।

भाषा : एक कूट (Code) है जहाँ संसार के बारे में विचार एक सम्प्रेषण के लिए यथेच्छ संकेत परम्परागत पद्धति के द्वारा अभिव्यक्त किए जाते हैं। (लाही, 1988)

भाषा अनुभव उपागम (Language Experience Approach) : भाषा अनुभव उपागम पठन कौशलों के विकास का एकीकरण श्रवण, बोलने एवं लेखन कौशलों से करता है। विद्यार्थी जो चिन्तन करते हैं अथवा के बारे में बात करतें है से सामग्रियाँ निर्मित की जाती हैं।

मनोभाषिक उपागम (Psycholinguistic Approach) : इसके प्रतिपादक यह मानते हैं कि अपर्याप्त मनोभाषिक कौशलों (ग्रहण, साहचर्य एवं अभिव्यक्ति) के परिणामस्वरूप शैक्षणिक समस्याएँ होती हैं। उपचार में सामान्यतः उन गतिविधियों को शामिल किया जाता है, जिसमें ग्रहण (reception), साहचर्य एवं स्मृति कौशलों (श्रवणीय एवं दृश्यिक चेनलों में) पर बल दिया जाता है। ऐसी अपेक्षा की जाती है कि इन कौशलों के प्रशिक्षण से शैक्षणिक उपलब्धि में सुधार होता है।

वाक्य रचना (Syntax) : वाक्य रचना से तात्पर्य है वाक्य में शब्दों का क्रम तथा क्रम निर्धारण के नियम (बास एवं वान 1988)।

वास्तविकता चिकित्सा (Reality Therapy) : वास्तविकता चिकित्सा का विकास ग्लेज़र (1965) ने किया। यह एक प्रबंध विधि है, जो विद्यार्थियों को उत्तरदायित्वता से व्यवहार करने एवं वास्तविकता का सामना करने के बारे में पढ़ाती है।

विकासात्मक पठन उपागम (Developmental Reading Approach) : विकासात्मक पठन उपागम प्रतिदिन क्रमिक अनुदेशन पर बल प्रदान करता है।

विघटनकारी व्यवहार (Disraptive Behaviour) : कुछ अधिगम निर्योग्य बालक दूसरो के प्रति विघटनकारी आक्रामक व्यवहार प्रदर्शित करते है। वे कुण्ठा के प्रति कम सहनशीलता प्रदर्शित करते है। जिसके कारण वे प्रकोप में दूसरो का नाम लेते है, ताना कसते है, गाली बकते है।

विषयवस्तु विकासात्मक उपागम (Content Developmental Approach) : विषयवस्तु विकासात्मक उपागम मे विषय क्षेत्र में कौशलों (पठन, गणित एवं लेखन) का पदानुक्रम निर्मित किया जाता है। छात्र का आकलन विषय कौशल के पदानुक्रम में किया जाता हैं तथा अनुदेशन कौशल के सबसे निचले स्तर से प्रारंभ की जाती है।

व्यक्ति परक पठन उपागम (Individualized Reading Approach) : व्यक्तिपरक पठन उपागम में विद्यार्थी अपने स्वयं की पठन सामग्री का चयन उनकी रुचियों

एवं योग्यताओं के आधार पर करते हैं ,तथा अपने स्वयं की गति के अनुसार प्रगति करते हैं।

व्यवहार संशोधन (Behavior Modification) : प्रस्तुत तकनीक का उदय स्किनर के सक्रिय अनुबंधन के सिद्धान्त से हुआ। सक्रिय अनुबंधन के नियमो का व्यवहार संशोधन में सीधा उपयोग किया जाता है। व्यवहार संशोधन इस मान्यता पर आधारित है कि व्यवहार समस्याएँ पूर्व एवं वर्तमान पर्यावरणों का परिणाम है। व्यवहार संशोधन में किसी व्यक्ति के पर्यावरण में सुधार हेतु अनेक विधियों का उपयोग किया जाता है। इसमें स्वीकार करने योग्य व्यवहारों को पुनर्बलन प्रदान किया जाता है तथा अनुपयुक्त व्यवहारों हेतु पुनर्बलन प्रदान नही किया जाता।

शैक्षणिक सामग्री उपागम (Academic Materials Approaches): डर्किन (1947) प्रस्तुत उपागम के द्वारा यह ज्ञात हो जाता है कि क्या पढ़ाना है? एवं कैसे पढ़ाना है? तब अध्यापक की भूमिका लिपिकीय हो जाती है। सामग्री उपागम में ज्यादा बल विषयवस्तु पर होता है।

समाज ग्राम (Socio gram) : समाजमिति प्रश्नावली से प्राप्त अनुक्रियाओं से यह पता चलता है कि प्रत्येक विघार्थी का चयन कितनी बार हुआ है। इसे एक टैली पत्र (Tally Sheet) पर अंकित किया जाता है। अथवा उनका समाजग्राम निर्मित किया जाता है जिससे कक्षा की सामाजिक संरचना का दृश्यिक चित्र प्राप्त होता है।

सहपाठी अनुशिक्षण (Peer Tutorial) : सहपाठी अनुशिक्षण के अंतर्गत समर्थ विद्यार्थी का युग्मन उस विद्यार्थी के साथ किया जाता है, जिसे किसी शैक्षणिक क्षेत्र में कठिनाई हो। सहपाठी अनुशिक्षण का उपयोग सामाजिक कौशलों में सुधार के लिए भी किया जा सकता है।

स्तरभेद चिन्ह पद्धति (Diacritical Marking System) : प्रस्तुत विधि में स्वरगत चिन्हों को परम्परागत वर्णमाला के अक्षरों में जोड़ा जाता है (फ्राय, 1964) उदाहरणार्थ लम्बे स्वरों के ऊपर एक दण्ड रेखा खींची जा सकती है । मौन अक्षरों के लिए – का उपयोग किया जा सकता है।

स्वर विज्ञान (Phonology) : स्वर विज्ञान नियमों की एक पद्धति है जो ध्वनियों एवं उनके संयोजनों का संचालन करती है।

13

शब्द सूची
(Glossary)

अंकन	Recording
अंतर्दृष्टि	Insight
अंतर्वैयक्तिक	Interpersonal
अंश	Part
अक्षतंतु	Axon
अतिक्रियाशील	Hyperactive
अधिगम	Learning
अधिगम निर्योग्यता	Learning Disability
अनियत	Erratic
अनुकरण	Imitation
अनुकूलनात्मक	Adaptive
अनुक्रिया	Response
अनुदेशन	Instruction
अनुपम	Unique
अनुपात	Ratio
अनुपयुक्त	Awkward
अनुप्रयुक्त	Applied
अनुप्रस्थ पार्श्विक	Cross Lateral
अनुभवशून्यता	Imperceptiveness
अनुमस्तिष्क	Cerebellum

अनुवांशिक	Hereditary
अनुशंसा	Recommendation
अनुशासन	Discipline
अनुशिक्षकों	Tutors
अनुशिक्षण	Tutoring
अनुश्रवण	Monitoring
अनेकार्थक	Equivocal
अन्तरत्वचिका	Cortex
अन्तर्क्रिया	Interaction
अपवर्जन	Exclusion
अपसामान्यताएँ	Abnormalities
अपारदर्शक	Non transparent
अपरिपक्वता	Immaturity
अभिक्षमता	Aptitude
अभिप्रेरणा	Motivation
अभिप्रेरणात्मक	Motivational
अभिलेख	Record
अभिवादन	Greet
अभिवृद्धि	Growth
अमूर्त	Abstract
अमूर्तन	Abstract
अयोग्यता	Disability
अर्जित	Acquired
अर्थविज्ञान	Semantics
अलंकारिक	Rhetorical
अल्प आत्मसंकल्पना	Poor Self Concept
अवधान	Attention
अवधान मंगता	Distractibility
अवरोधों	Barriers

अवलोकन	Observation
अवरोधक	Barriers
अवस्थाओं	Stages
असंगति	Discrepancy
असंरचित	Unstructured
अस्थिरता	Liability
आकस्मिकता	Contingency
आकार	Form
आकृति–पृष्ठभूमि	Figure Ground
आगत	Input
आदान–प्रदान	Reciprocal
आधारभूत	Fundamental
आनुभाविक	Empirical
आवेगिता	Impulsivity
औपचारिक शिक्षा	Formal Education
उच्चारण	Pronunciation
उत्कृष्ट	Superior
उत्तेजनात्मक	Stimulative
उदाहरण	Example
उद्दीपक	Stimulus
उद्देश्य	Objective
उन्मुखीकरण	Orientation
उपचारात्मक	Remedial
ऋणात्मक	Negative
कमी	Deficit
कपालास्थि	Temporal Lobe
कार्यात्मकता	Functional
क्रियान्वित	Implemented
कुपोषण	Malnutrition

केन्द्रीय	Central
कोशिका निकाय	Cell codes
क्रमिक	Sequential
क्षीणता	Impairment
खुरचना	Scratching
गणनात्मक	Computation
गणितीय	Mathematical
गणितीय निर्योग्यता	Dyscalculia
गद्यांश	Para
गामक	Motor
गैर अवशोधित	Uninhibited
गैर उत्पादक	Non Productive
ग्रहण	Reception
ग्राहक	Receptor
घसीट लिपि	Cursive
चयनात्मक	Selective
चरम	Critical
चिन्तन	Thinking
चिन्ता	Anxiety
चेतना	Consciousness
छटांई	Screening
छितरा	Sparse
जटिल	Complex
जलशोधक	Water purifier
जोखिमपूर्ण	Risk taking
तंत्र	Network
तंत्रिका आवेग	Nerve Impulse
तंत्रिका कोशिका	Nerve Cell
तंत्रिका तन्तुओं	Nerve Fibers

तंत्रिका पद्धति	Nerve System
तंत्रिका विज्ञान	Neurology
तंत्रिकीय	Neurological
तीक्ष्णता	Acuity
तुतलाहट	Lisping
त्यौहार	Festival
तर्क	Reasoning
त्रुटि	Error
दस्तावेजीकरण	Documentation
दिशात्मकता	Directionality
दुष्क्रिया	Dysfunction
दूरदर्शी	Telescope
दृढ़ीकरण	Perseveration
दृश्यिक	Visual
दृष्टिकोण	Viewpoint
दृष्टिहीन	Blind
ध्वनिरोधी	Sound proof
ध्वनि संकेत	Phonogram
दैशिक	Spatial
निकाय प्रतिबिंब	Body Image
निकासी	With drawl
निकूटन	Decoding
निरर्थक	Meaningless
निर्देश	Instructions
निर्योग्यताएँ	Disabilities
निर्वचिन	Interpretation
निर्वात	Space
निष्क्रियता	Passiveness
निष्पादन	Performance

नैदानिक परीक्षण	Diagnostics Test
न्यूनताएँ	Deficiencies
पकड़	Grip
पठन निर्योग्यता	Dyslexia
पदानुक्रम	Hierarchy
परासंज्ञान	Meta Cognition
परिधि तंत्रिका तंत्र	Peripheral Nerve
परिपक्वता	Maturity
परिपक्वतात्मक	Maturational
परिप्रेक्ष्य	Context
परिमेय	Rational
पर्यावरणीय	Environmental
पश्च कपाल खण्ड	Occipital Lobe
पठयोजना	Lesson Plan
पारदर्शक	Transparent
पार्श्विकाखण्ड	Parietal Lobe
पुर्ननिर्माण	Reconstruction
पुनर्बलन	Reinforcement
पुष्टि	Confirmation
पूर्वकथनीय	Predictable
पेशीय	Muscular
पोंषणिक	Nutritional
प्रक्रिया	Process
प्रगत	Advanced
प्रत्यक्षण	Perception
प्रत्यक्षणात्मक	Perceptual
प्रत्यास्मरण	Recall
प्रतानिका	Dendrite
प्रतिभाशाली	Gifted

प्रतिवर्तो	Reflexes
प्रभुत्व	Dominance
प्रमस्तिष्क	Cerebrum
प्रयोजनिक	Pragmatics
प्रवाहता	Fluency
प्रशिक्षण	Training
प्राचलों	Parameters
प्रारूप	Pattern
प्रोत्साहनों	Incentives
फूहड़पन	Clumsiness
बधिर	Deaf
बन्ध	Link
बातूनी	Talkative
बाह्य	Extrogeneous
बिगाड़ना	Deteriorates
बुद्धि	Intelligence
बुनियादी	Fundamental
बेचैनी	Restless
बेढ़गी	Untidy
बोधगम्य	Understandable
बोल–भाषा	Spoken language
भद्दीचाल	Tait
भारी	Massive
मंदबुद्धि	Mentally Retarded
मध्यमस्तिष्क	Midbrain
मनोचिकित्सक	Psychiatrist
मनोभाषिक	Psycholinguistic
मस्तिष्क क्षतिकाल	Brain Injured Phase
मस्तिष्क तना	Brain Stem

मस्तिष्क दुष्क्रिया	Brain Dysfunction
मस्तिष्कीय क्षति	Brain Damage
मानकीय	Normative
मिश्र	Combination
मिश्रित	Mixed
मूक	Dumb
मेटा–विश्लेषण	Meta Analysis
मेरूशीर्ष	Medulla Oblongata
यांत्रिक	Mechanical
यथेच्छ	Arbitrary
युग्मन	Pairing
रंगपटल	Repertoire
रबर	Eraser
रुचिकर	Interesting
रूपग्राम	Morphemes
रूपात्मकता	Modality
रूपात्मकताओं	Modalities
लड़खड़ाती	Wobble
ललाटखण्ड	Frontal Lobe
लहरिका	Convolution
लेखन अक्षमता	Agraphia
लेखन विकार	Dysgraphia
लोप	Omission
वर्तनी	Spelling
वाक्यरचना	Syntax
विकार	Disorder
विखण्डित	Fragments
विचलनशीलता	Variability

विघटनकारी	Disruptive
विधिविशेष	Alogrithm
विभ्रम	Hallucination
विभेदीकरण	Discrimination
विलंब	Delay
विशिष्ट	Exceptional
विस्फोटक	Explosive
विषमांग	Heterogeneous
वैषम्य	Contrast
व्यंजन	Consonant
व्यक्तित्व	Personality
व्यक्तिपरक	Individualized
व्यवसाय	Profession
व्यवहार संशोधन	Behavior Modification
व्याकरणगत	Grammatical
व्यापक	Broad
व्यूहरचना	Strategy
शब्दअन्धता	Word Blindness
शब्द–भण्डार	Vocabulary
शर्त	Clavse
शाखीयकरण	Branching
शारीरिक	Physical
शैक्षणिक	Academic
संक्रमण	Infection
संगणना	Calculation
संयोजन	Combination
संचलन	Movement
संरचना	Structure
संरक्षक	Conservator

संवेदी	Sensory
संसाधित	Processed
संज्ञानात्मक	Cognitive
सक्रिय अनुबंधन	Classical Conditioning
समन्वय	Coordination
समस्या–समाधान	Problem Solving
समर्पण	Commitment
सम्प्रेषण	Communication
सम्मिश्रण	Blending
सहायक	Conducive
सांतत्यक	Continuum
सांवेगिक	Emotional
साध्य	Feasible
सामने का खण्ड	Frontal Lobe
साहचर्यात्मक	Associative
सुषुम्ना स्तम्भ	Spinal Column
सुस्पष्ट	Precise
सूचनापट	Notice Board
सूक्ष्म	Subtle
सृजनशील	Creative
स्ट्रास लक्षण	Strass Syndrome
स्नायु	Nerve
स्पर्श	Touch
स्पर्शीय	Haptic
स्पष्ट	Obvious
स्मृति	Memory
स्मृति सहायक	Momentic
स्वअधिगम	Self Learning
स्व अनुश्रवण	Self Monitoring

स्वरभेद	Diacritical
स्वर विज्ञान	Phonology
श्रवण	Hearing
हकलाहट	Stutter
हस्तलेखन	Handwriting

14

सन्दर्भ

References

Aaron, P.G., Phillips, S. and Larsen, S. (1988), Specific Reading Disability in Historically Famous Persons, *Journal of Learning Disabilities*, Vol. 21, No. 9, pp. 521-84.

Abeson, A. and Wintraub, F. (1979), Understanding the Individualized Education Programme: A Primer on Individualized Education Programme, in S. Torres (Ed.), *Handicapped Children* (pp. 3-8), Reston, VA: The Foundation for Exceptional Children.

Adelman, H.S. and Taylor, L. (1983), *Learning Disabilities in Perspectives*, Glenview, IL: Scott, Foreman.

Adelman, H.S. and Taylor, L. (1986), *An Introduction to Learning Disabilities*, Glenview, IL: Scott, Foreman.

Alberto, P.A. and Troutman, A.C. (1986), *Applied Behaviour Analysis for Teachers* (2nd ed.). Columbus, OH: Merrill/Macmillan.

Aman, G.M. (1984), Hyperactivity: Nature of the Syndrome and its Natural History, *Journal of Autism and Developmental Disorders*, Vol. 14, pp. 39-53.

Ariel, A. (1971), *Behaviour Therapy for Self-Direction*, Unpublished Doctoral Dissertation, University of Southern California, Los Angeles.

Ariel, A. (1972), *Reinforcement: What is it all About*? Unpublished Manuscript. University of Southern California, Los Angeles.

Ariel, A. (1985), *Parents Perception of Learning Disabilities and the Helping Professionals-Ten Years Later*. CEC 63rd Annual Convention, Anaheim, CA.

Ariel, A. (1987a), *Learning to Learn: Meta Cognition Student Handbook*, Level II, Book 1, Unpublished Manuscript, California State University, Los Angeles.

Ariel, A. (1989b), *Gateway to Success: Meta Cognition Elementary Student Handbook*, Unpublished Manuscript, California State University, Los Angeles.

Association for Children with Learning Disabilities (1967), *Proceedings of ACLD Annual Conference*, New York City.

Ayres, A.J. (1972), *Southern California Sensory Integration Tests*, Los Angeles: Western Psychological Services.

Bain, A.M. (1980), *Handwriting Survey*, Unpublished Paper, Loyola College, Baltimore, MD.

Baker, H.J. (1944), *Introduction to Exceptional Children*, New York, Mac Millan.

Baker, L. and Brown, A.L. (1984b), Meta Cognitive Skills and Reading, in P.D. Pearson (Ed.), *Handbook of Reading Research* (pp. 33-394). New York: Longman.

Bannatyne, A.D. (1971), *Language, Reading and Learning Disabilities*, Springfield, IL: Charles C. Thomas.

Batman, B. (1964), *Learning Disabilities: Yesterday, Today and Tomorrow*, *Exceptional Children*, Vol. 31, pp. 139-46.

Benton, A.L. (1975), Developmental Dyslexia: Neurological Aspects, in W.J. Friedlander (Ed.), *Advances in Neurology* (pp. 1-47). New York: Raven Press.

Bhargava, M. (1994), *Introduction to Exceptional Children, Their Nature and Educational Provision*, New Delhi: Sterling Publishers Pvt. Ltd.

Binet, A. (1972), L'Etude xperimentale de L'intelligene. Paris: Ancienne Librarie Schleicher.

Blommfield, L. and Barnhart, C.L. (1961), *Let's Read—A Linguistic Approach*, Detroit: Wayne State University Press.

Bozinou-Doukas, E. (1983), Learning Disability: The Case of the Bilingual Child, in D.R. Omark and J.G. Erikson (Eds.), The Bilingual Exceptional Child (pp. 213-32), San Diego, CA: College-Hill Press.

Brown, A.L. (1978), Knowing When, Where and How to Remember: A Problem of Meta Cognition, in R. Glaser (Ed.), *Advances in Instructional Psychology* (Vol. 1, pp. 77-165). Hillsdale, NJ: Erlbaum.

Buch M.B. (ed.) (1974), *A Survey of Research in Education*, Baroda: Center of Advanced Study in Education.

Buch, M.B. (ed.) (1979), *Second Survey of Research in Education*, Baroda: Society for Educational Research and Development.

Buch, M.B. (ed.) (1986), *Third Survey of Research in Education*, New Delhi: National Council of Educational Research and Training.

Buch, M.B. (ed.) (1991), *Forth Survey of Research in Education*, Vol. I and II, New Delhi, National Council of Educational Research and Training.

Burham, W.H. (1924), *The Normal Mind*, New York: Appleton.

Arraher, T.N. and Shliemann, A. (1988), *Mathematical Concepts in Everyday Life, New Directions in Child Development*, Vol. 41, pp. 71-87.

Ceci, S. (Ed.) (1986), *Handbook of Cognitive, Social and Neuropsychological Aspects of Learning Disabilities*. Hillsdale, NJ: Erlbaum.

Cellini, H.R. and Snowman, J. (1982), Learning Disabilities and Juvenile Delinquents, *Federal Probation*, Vol. 3, pp. 26-32.

Champion, B.W. (1979), Educational Assessment, Diagnosis and Evaluation, in W.C. Adamson and K.K. Adamson (Eds.), *A Handbook for Specific Learning Disabilities* (pp. 107-43), New York: Gardner.

Chan, L.K.S. and Cole, P.G. (1986), The Effects of Comprehension Monitoring Training on the Reading Competence of Learning Disabled and Regular Class Students. *Remedial and Special Education*, 7(4), pp. 33-40.

Diggory, S. (1979): *Learning Disabilities*, London: Open Book Publishing.

Dutta, T., Intervention Programme for Learning Children, *The Primary Teacher*, National Council of Educational Research and Training, New Delhi, Vol. XXV, No. 2, April, 1000, pp. 12-25.

Lements, S.D. (1966), *Minimal Brain Dysfunction in Children: Terminology and Identification* (NINDS Monograph No. 3. U.S.

Public Health Service Publication No. 1415). Washington, DC: U.S. Department of Health, Education and Welfare.

Cohen, R.L. (1983), Reading Disabled Children are Aware of their Cognitive Deficits, *Journal of Learning Disabilities*, 16(5), pp. 286-89.

Cohen, S. (1983), Low Birthweight, in C.C. Brown (Ed.), *Childhood Learning in Disabilities a Prenatal Risk: An Interdisciplinary Data Review for Health Care Professionals and Parents* (pp. 70-78), Skillman, NJ: Johnson & Johnson.

Comptroller General of the United States (1977), *Learning Disabilities: The Link to Delinquency should be Determined, but should do more Now*. Washington, DC: General Accounting Office.

Crithley, E.M.R. (1986), Reading Retardation, Dyslexia and Delinquency, *British Journal of Psychiatry*, Vol. 115, pp. 1537-47.

Dalke, C. and Schmitt, S. (1987), Meeting the Transition Needs of College Bound Students with Learning Disabilities, *Journal of Learning Disabilities*, 20(3), pp. 176-80.

DeCecco, J.P. (1968), *The Psychology of Learning and Instruction*, Englewood Cliffs, NJ: Prentice-Hall.

Deliquadri, J., Greenwood, C. Whorton, D. Carta, J. and Hall, R. (1986), *Class wide Peer Tutoring Exceptional Children*, 52(6), pp. 535-41.

Deshler, D.D. and Shumaker, J.B. (1986), Learning Strategies: An Instructional Alternative for Low-Achieving Adolescents, *Exceptional Children*, 52(6), pp. 483-590.

Deshler, D.D., Schumaker, J.B., Alley, G.R., Warner, M.M. and Clark, F.L. (1982), Learning Disabilities in Adolescent and Young Adult Populations, *Research Implications, Focus on Exceptional Children*, 15(1), pp. 1-12.

Duling, F. and Eddy, S. and Risko, V. (1970), *Learning Disabilities of Juvenile Delinquents*, Morgantown, WV: Department of Educational Services, Robert F. Kennedy Youth Center.

Fiscus, E.D. and Mandell, C.J. (1983), *Developing Individualized Education Programmes*, New York: West Publishing.

Fleishner, J.E. and Garnett, K. (1987), Arithmetic Difficulties, in K.A.

Kavale, S.R. Forness and M. Bender (Eds.), Handbook of Learning Disabilities, Vol. 1, *Dimensions and Diagnosis* (pp. 189-209). Boston: Little Brown.

Frey-Mason, P. (1985), Teaching Basic Mathematics and Survival Skills, *Mathematics Teacher*, Vol. 78, pp. 668-71.

Frostig, M. (1961), *Frostig Developmental Test of Visual Perception* (3rd ed.), Palo Alto, CA: Consulting Psychologists Press.

Frostig, M. and Maslow, P. (1968), Language Training—A Form of Ability Training, *Journal of Learning Disabilities*, 1(2), pp. 15-25.

Gaddes, W. (1985), *Learning Disabilities and Brain Function* (2nd ed.). New York: Springer-Verlag.

Gange, E.C. (1985), *The Cognitive Psychology of School Learning*, Boston: Little, Brown.

Gallagher, J. (1984), Learning Disabilities and the Near Future, *Journal of Learning Disabilities*, Vol. 9, pp. 571-72.

Gattengo, C. (1962), *Words in Color—A New Method of Teaching the Reading and Writing of English*, New York: Xerox Corporation.

Goldstein, K. (1942), *After Effects of Brain-injuries in War*, New York: Grune & Stratton.

Graves, D.H. (1985), All Children can Write, *Learning Disabilities Focus*, Vol. 1, No. 1, pp. 36-43.

Gray, R.A. (1981), Services for LD Adult: A Working Paper, *Learning Disability Quarterly*, Vol. 4, pp. 426-34.

Guilford, J. (1967), *The Nature of Human Intelligence*, New York: McGraw-Hill.

Hallgren, B. (1950), Specific Dyslexia (Congenital Word-Blindness): A Clinical and Genetic Study, *Act Psychiatric et Neurological* (Suppl. 65), pp. 1-287.

Hammill, D.D. (1972), Training Visual Perceptual Processes, *Journal of Learning Disabilities*, 5(10), pp. 2-559.

Hammill, D.D. (1990), Defining Learning Disabilities: The Emerging Consensus, *Journal of Learning Disabilities*, Vol. 23, pp. 74-84.

Hammill, D.D., Goodman, L. and Weiderholt, J.L. (1974), Visual-Motor Processes: What Success have we had in Training Them? *The Reading Teacher*, 27(7), pp. 469-480.

Hammil, D.D. and Larsen, S.C. (1974), The Effectiveness of Psycholinguistic Training, *Exceptional Children*, 41(1), pp. 5-14.

Hammill, D.D. and Larsen, S.C. (1983), *Test of Written Language* (rev. ed.). Austin, TX: PRO-Ed.

Hammill, D.D., Larsen, S.C. and McNutt, G. (1977), The Effects of Spelling Instructions: A Preliminary Study, *The Elementary School Journal*, Vol. 78, pp. 67-72.

Harris, A.J. (1970), *How to Increase Reading Ability*, New York: McKay.

Harris, A.J. and Sipay, E.R. (1985), *How to Increase Reading Ability*, New York: Longman.

Harris, L. and Smith, C. (1976), *Reading Instruction: Diagnosis Teaching in the Classroom* (2nd Ed.). New York: Holt, Rinehart, & Winston.

Harris, T.L. (1960), Handwriting, in C.W. Harris (Ed.), *Encyclopedia of Educational Research* (3rd ed., pp. 616-24), New York: Macmillan.

Harris, W.J. and Schutz, P.N.B. (1986), *The Special Education Resource Programme*, Columbus, OH: Merril Macmillan.

Hartwell, L.K., Wiseman, D.E. and Van Reusen, A. (1979), Modifying Course Content for Mildly Handicapped Students at the Secondary Level, *Teaching Exceptional Children*, 12(1), pp. 28-32.

Hasselbring, T.S. and Hamlet, C.L. (1984), Planning and Managing Instruction: Computer Based Decision Making, Teaching Exceptional Children, 16(4), pp. 248-52.

Hassett, J. and Weisberg, A. (1973), *Open Education*, Englewood Cliffs, NJ: Prentice Hall.

Hebb, D.O. (1949), *The Organization of Behaviour: A Neuropsychological Theory*. New York: Wiley.

Holborow, P.L. and Berry, P.S. (1986), Hyperactivity and Learning Difficulties, *Journal of Learning Disabilities*, Vol. 19, pp. 426-31.

Homme, L. (1974), *How to Use Contingency Contracting in the Classroom*, Champaign, IL: Research Press.

Hughes, J.N. (1988), *Cognitive Behaviour Therapy with Children in Schools*, New York: Pergamon Press.

Hughes, J.R. and Park, G.E. (1968), The EEG in Dyslexia, in P. Kellaway and I. Petersen (Eds.), *Clinical Electroencephalography of Children* (pp. 307-27), Stokholm: Almquist & Wiskell.

Ingram, T.T.S. (1964), The Dyslexic Child. Word Blind Bulletin, Vol. 1, No. 4, p. 1.

Johnson, S.W. (1979), *Arithmetic and Learning Disabilities*, Boston: Allen & Bacon.

Kaluger, G. and Kolson, C.J. (1978), Reading and Learning Disabilities (2nd ed.), Columbus, OH: Merrill/Macmillan.

Kavale, K. and Forness, S. (1985), *The Science of Learning Disabilities*, Boston: Little Brown.

Kavale, K.A., Forness, S.R. and Bender, M. (1988a), Handbook of Learning Disabilities: Vol. 2, *Methods and Interventions*, Boston: Little, Brown.

Kavale, K.A., Forness, S.R. and Bender M. (1988b), Handbook of Learning Disabilities, Vol. 3, *Methods and Interventions*, Boston: Little, Brown.

Keogh, B.K. (1988), Learning Disability Diversity in Search or Order, in M.C. Wang, M.C. Reynolds and H.J. Walberg (Eds.), Handbook of Special Education Research and Practice, Vol. 2, *Mildly Handicapped Conditions* (pp. 225-251). New York: Pergamon.

Kirk, S.A. (1962), *Educating Exceptional Children*, Boston: Houghton Mifflin.

Kirk, S.A. (1963), Behavioural Diagnosis and Remediation of Learning Disabilities, *Proceedings of the Annual Meeting of the Conference on Exploration into the Problems of Perceptually Handicapped Child* (Vol. 1), Chicago: Perceptually Handicapped Children, Inc.

Kirk, S.A. (1987), The Learning Disabled Preschool Child, *Teaching Exceptional Children*, Vol. 19, pp. 78-81.

Kirk, S.A. and Kirk, W.D. (1971), *Psycholinguistic Learning Disabilities: Diagnosis and Remediation*, Urbana: University of Illinois Press.

Kosc, L. (1974), Developmental Dyscalculia, *Journal of Learning Disabilities*, 7(3), pp. 46-59.

Lerner, J.W. (1985), *Children with Learning Disabilities*, Boston, M.A.: Houghton, Mifflin.

Lyon, G.R. and Flynn, J.M. (1991), Assessing Subtypes of Learning Abilities, in H.L. Swanson (Ed.), *Handbook on the Assessment of Learning Disabilities* (pp. 59-74). Austin, TX: PRO-ED.

Mac Arthur, C.A., & Graham, S. (1987). Learning Disabled Students' difficulties in Learning o use Word Processor: Implications for Instruction and Software Evaluation. Journal of Learning Disabilities, Vol. 19, No. 4, pp. 248-53.

Mangrum, C.T. and Strichart, S.S. (1984), *College and the Learning Disabled Student*, New York: Grune & Sratton.

Mauser, A.J. (1974), Learning Disabilities and Delinquent Youth, *Academic Therapy*, 9(6), pp. 389-400.

McGuire, J.M. and Shaw, S.F. (1989), *Learning Disabilities in Connecticut Colleges and Universities*, Connecticut University: Storrs Postsecondary Learning Disability Technical Assistance Center.

Mercer, C.D. (1987a), Beyond the Traditional Assessment, in S. Vaughn and C.S. Bos (Eds.), *Research in Learning Disabilities* (pp. 153-69), Boston, MA: College-Hill.

Mercer, C.D. and Mercer, A.R. (1985), *Teaching Students with Learning Problems* (2nd ed.). Columbus, OH: Merrill/Macmillan.

Myers, P.I. and Hammill, D.D. (1982), *Learning Disabilities*, Austin, TX: PRO-ED.

Nakra, O. (1996), *Children and Learning Difficulties*, New Delhi: Allied Publishers Ltd.

NCERT, Fifth Survey of Research in Education, *Trends Reports*, Vol. I, New Delhi: National Council of Educational Research & Training 1997.

NCERT, *Fifth Survey of Research in Education*, Vol. II, New Delhi: National Council of Educational Research & Training 2000.

NCERT, *Sixth Survey of Research in Education*, Vol. I, New Delhi: National Council of Educational Research and Training 2006.

Pal, H.R. and Sharma, K. (1989), *Prayogik Grih Manovigyan Avam Manav Vikas*, Agra: Star Publications.

Pal, H.R. (2005), *Educational Research, Bhopal*, Hindi Granth Academy.

Pal, H.R. (2006), *Advanced Educational Psychology*, New Delhi: Directorate of Hindi Implementation, Delhi University.

Pal, H.R. and Sharma, M. (2007), *Education of the Gifted*, Delhi: Shipra Publications.

Parrill-Burnstein, M. (1981), *Problem Solving and Learning Disabilities: An Information Processing Approach*, New York: Grune & Stratton.

Pek, D.G. (1981), Adolescent Self-Esteem, Emotional Learning Disabilities and Significant Others, *Adolescence*, 16(62), pp. 443-51.

Ross, D.M. and Ross, S.A. (1982), *Hyperactivity: Current Issues, Research and Therapy*, New York: Wiley.

Rude, R.T. and Oehlkers, W.J. (1984), *Helping Students with Reading Problems*, Englewood Cliffs, NJ: Prentice-Hall.

Sabatino, D.A. (1971a), An Evaluation of Resource Rooms for Children with Learning Disabilities, *Journal of Learning Disabilities*, Vol. 4, pp. 84-93.

Schumaker, J.B. and Ellis, E. (1982), Social Skills Training of LD Adolescents: A Generalization Study, *Learning Disability Quarterly*, Vol. 5, pp. 409-14.

Sharma, B.K. and Kumar, R. (2003), Identification of Visual Perceptual Disabilities in Children at Primary Stage, *The Primary Teacher*, National Council of Educational Research and Training, New Delhi, Vol. XXIX, No. 2, p. 63-66.

Shaywitz, S.E. and Shaywitz, B.A. (1988), Attention Deficit Disorder: Current Perspectives, in J.E. Cavanaugh and J. Truss (Eds.), Learning Disabilities, *Proceedings of the National Conference* (pp. 369-46), Parkton, MD: York Press.

Swanson, H.L. (Ed.) (1982a), Controversy: Strategy or Capacity Deficit (Special Issue), *Topics in Learning and Learning Disabilities*, Vol. 2.

Swanson, H.L. (1982b), A Multidirectional Model for Assessing Learning Disabled Student's Intelligence, *Learning Disability Quarterly*, Vol. 5, pp. 312-26.

Swanson, H.L. (1985), Assessing Learning Disabled Children's Intellectual Performance: An Information Processing Perspectives, in K.D. Gadow

(Ed.), *Advances in Learning and Behaviour Disabilities,* Vol. 4, pp. 225-72, Connecticut: JAI Press.

Swanson, H.L. (1988a), Toward a Meta Theory of Learning Disabilities, *Journal of Learning Disabilities*, Vol. 21, No. 4, pp. 196-209.

Swanson, H.L. (1988b), Assessment Practices in Learning Disabilities, in K.A. Kavale (Ed.), *Learning Disabilities: State of the Art and Practice* (pp. 71-97), Boston, MA: Little, Brown.

Swanson, H.L. and Keogh, B.K. (1990), Learning Disabilities, *Theoretical and Research Issues*, Hillsdale, NJ: Earlbaum.

Vaugh, S.R. and Boss, C.S. (Eds.) (1987), Research in Learning Disabilities, *Issues and Future Directions*, Boston: Little, Brown.

Wallace, G. and Kaufman, J. (1986), *Teaching Students with Learning and Behaviour Problems* (3rd ed.), Columbus, OH: Merrill/ Macmillan.

Wallace G. and McLoughlin, J.A. (1988), *Learning Disabilities: Concepts and Characteristics* (3rd ed.). Columbus, OH: Merrill/Macmillan.

Wong, B.Y.L. (Ed.) (1982a), Meta Cognition and Learning Disabilities, *Topics in Learning and Learning Disabilities*, Vol. 2, No. 1, pp. 1-17.

Woods, P.A., Sedlacek, W.E. and Boyer, S.P. (1990), Learning Disability Programmes in Large Universities, *NASPA Journal*, Vol. 27, No. 3, pp. 248-56.